Dein Insider-Trip München

Es ist Wundertütenzeit in München! Lecker essen oder Gas geben, entspannen oder feiern, kreativ sein oder einfach nur leben – wiewowas?

Steckt alles in diesem Buch.

Kenn ich, sagst du. Weiß ich. War ich schon. Echt jetzt? Probier's aus! Werd zum Abenteuersucher, zum Wandervogel. Sei neugierig, erlebnishungrig, sei ein Um-die-Ecke-Denker und -Entdecker. Gleich hier, vor der eigenen Haustür. New York, Rio, Tokio? Braucht kein Mensch. Das Abenteuer ist hier.

Los geht's →

Inhalt

Das Beste → für jede Lust & Laune

Wonach ist dir heute?
Fang an, wo du willst. Probier alles aus.

Oder hier entlang

Mix & Match
Kurzurlaub → S. 174
Auszeitturbo → S. 176
Kinderkram → S. 177
Sauwetter → S. 178
Low Budget → S. 179
Shoppingfieber → S. 180
Weltreise → S. 181

Dies & Das
Übersichtskarten → S. 184
Register → S. 188
Impressum → S. 190
Autorin → S. 191
Bloß nicht! → S. 192

Die Klassiker reloaded 5

Die Leckerbissen 27

Die kreativen Orte 59

Die wilde Seite 93

Die ruhigen Ecken 121

Das pralle Leben 151

Viktualienmarkt, Wiesn, Schweinsbraten –
so kennst und liebst du München. Und echte
Klassiker werden auch niemals langweilig.
Schau um die Ecke, nimm eine andere Perspektive ein, such die geheimen Orte und neuen
Interpretationen. Und huch: Ist da schon ein
neuer Klassiker im Anmarsch?

Die Klassiker reloaded

Altbekanntes ganz neu erleben

Knollenprofis Die jungen Kaufleute vom Viktualienmarkt

→ Neben den regionalen Köstlichkeiten gibt's bei Resi am Markt auch frische Smoothies und feines Eingewecktes

Sie heißen Linda, Cherie oder Rosemarie. Klein, knubbelig und gefragt wie nie sind die Kartoffelsorten am Stand *Caspar Plautz*. Am Kartoffel-Brunnen des Viktualienmarkts haben Theo Lindinger und Dominik Klier seit 2017 die Knollen zum Szene-Gericht erhoben. Nirgends könnte die Kartoffel ihr Comeback besser erleben: Seit 1807 werden im Herzen Münchens Viktualien, Lebensmittel, verkauft, in den Nachkriegsjahren meist Kartoffeln. Diese Tradition lassen die Marktkaufleute mit 100 Sorten neu aufleben. 90 % ihrer Ernte bekommen sie aus Bayern, und die Münchner, die bekommen Zubereitungstipps beim Kaufen gratis dazu. Besonders zur Mittagszeit brummt es am Brunnen. Emailleteller klackern, auf denen du die Knolle mit Kürbis, Harissa, Chorizo, Zitronenjoghurt oder mit Grüner Sauce bekommst. Alles darf an die Kartoffel – nur Pommes aus ihnen zu machen, ist laut Stadt verboten.

Insgesamt preisen hier 140 Händler ihre Waren an. Neben dem Kartoffel-Caspar revolutioniert seit 2020 Teresa *Resi* Koblbauer die Produktvielfalt. Ihr »bayerischer Ingwa« – gesprochen mit mindestens drei »aaa« – wächst in heimischer Erde und ist intensiv im Geschmack. Selbst auf einem Bauernhof aufgewachsen, setzt Resi auf regionale Produkte. ==Kaum vom Strauch, schon im Mund: Die meisten Beeren werden einen Tag vor dem Verkauf geerntet.== Schau dir die Tomaten an: Von Ochsenherz bis Oliven-Miniatur – die Vielfalt ist groß.

INSIDER-TIPP Beerenlese ratzfatz

1 Caspar Plautz • Viktualienmarkt, Abteilung III, Stand 38 • 80331 München/Altstadt • casparplautz.de

2 Resi am Markt • Viktualienmarkt, Abteilung I, Stand 12/17 • 80331 München/Altstadt

Neues Heimatgefühl
Trachtenlabels für den Alltag

Münchner und Tracht, es sind Liebe und Hass. Liebe, da nichts besser kleidet als Lederhosen oder Dirndl. Hass, weil Münchner gern darauf pochen, dass es keine typische Stadt-Tracht gibt. Stimmt. Während Chiemgauer, Werdenfelser und Co. ihre Traditionen mit vorgeschriebenen Farben, Riegeln und Ornamenten haben, ist in München alles erlaubt. Seit 2020 siehst du allerdings vermehrt Tracht im Alltag. Denn als das Oktoberfest wegen Corona ausfiel, kam die Idee auf, freitags zünftig gewandet in den Biergarten zu gehen. Durchgesetzt hat sich das nicht, aber Lederhose, Trachtenrock und Miederkleider erlebten ein Revival.

← **Der passende Pin von Gaudiknopf sagt mehr als 1000 Worte**

Besonders schön hat das die Münchnerin *Julia Trentini* in ihren Leinenkleidern mit Borten, tiefem Ausschnitt und dezenten Puffärmeln umgesetzt. Seit 2006 ist sie eine der gefragtesten Dirndl-Designerinnen der Stadt – und lebt Tracht im Alltag schon seit Jahren: Glockenröcke, Spitzenblusen und Schnallengürtel kombiniert sie zu Jeans, Lederjacke und T-Shirt. Ähnlich die Jungs von *Suck my Shirt*: Ihre Kollektionen sind mit bayerischen Sprüchen oder dem Schriftzug »089« designt. 2019 legten sie mit einer Trachtenkollektion nach – und kombinieren die Teile lässig zu Sneakers, Business-Hemden und Hoodies. Zum Schmunzeln sind die Pins von *Gaudiknopf*: »Basst scho«, »Zefix«, »Schau ma moi« oder schlicht »Prost« steht auf den Ansteckern, die jedem Alltagsoutfit einen Tick mehr Heimatgefühl verleihen.

3 **Julia Trentini • Westermühlstr. 32, 80469 München-Isarvorstadt-Ludwigvorstadt • juliatrentini.de**

4 **Suck my Shirt • Baaderstr. 84, 80469 München-Isarvorstadt-Ludwigvorstadt • skmst.de**

5 **Gaudiknopf, erhältlich im Isarkollektiv • Theresienhöhe 5, 80339 München-Westend • gaudiknopf.de**

Kleine Sünden Schweinsbraten im XS-Format

→ Bapas Dinner – ohne Brezn geht gar nichts

Weniger ist mehr: Der neue Minimalismus gilt jetzt auch für Schweinsbraten, Kruste und Co. Der Klassiker der hiesigen Küche schlechthin kommt im Wirtshaus mit Biersauce, mit Kümmel, Knoblauch, Krusterl, Knödel und vor allem mit mindestens zwei Scheiben Braten daher. Drunter macht's der Bayer nicht. Bis das *Bapas* 2017 eröffnete und die opulente Bratenschlacht neu erfand. Im XS-Format.

So gibt es endlich wieder einen Grund, sich der Tourimeile Leopoldstraße kulinarisch zu nähern. *Bapas* steht für Bayerische Tapas, und beim Schweinsbraten für 6,50 Euro bedeutet das: Speed-Dating mit der bayerischen Kulinarik. Hier kannst du an einem Abend alle Schmankerl des Alpenlands auf einmal probieren. Ohne Food-Koma! Zwei Scheiben Braten, bierdeckelgroß, ein Knödel als Minikugel, ein Milchkännchen Krautsalat und eine Kruste im Probierformat. Und wenn du mit deiner Begleitung mehrere Schweinereien bestellst, bedeutet geteiltes Glück auch Platz für mehr: für Pulled Pork Burger, Ochsenfetzen in der Brezn, Reiberdatschi mit Rucola oder Urkornsalat à la Bavarese. Am besten schwemmst du's obi, mit einem Isar-Bier aus dem Degustationsglas. Beim Beerpairing-Angebot probierst du fünf Gänge mit passenden Bio-Bieren im Miniatur-0,3-Glas. Handlich ist auch die Bratenbox für 6,90 Euro bei *Batzis Schlemmerkucherl*: Der Nachtimbiss packt dir den Braten samt Knödel auf eine ordentliche Portion Blaukraut to go ein. Krusterl, eh klar, gibt's für Liebhaber als Deckel gratis dazu.

INSIDER-TIPP Schwabinger Menü

6 Bapas • Leopoldstr. 56a, 80802 München-Schwabing • bapas-muenchen.de

7 Bazi's Schlemmerkucherl • Müllerstr. 43, 80469 München-Glockenbach • bazis-schlemmerkucherl-muenchen-1.de

Die Klassiker reloaded

Die Klassiker reloaded

Alles im Fluss Die Isar mit dem Kanu erobern

Die Isar – ohne die 14 km lange Lebensader wäre München nicht die Stadt, die sie heute ist. Mythen, Legenden und Sagen ranken sich um die Reißende. Und doch glauben viele Münchner, schon alles an ihr, um sie und auf ihr gesehen zu haben. Falsch. Ganz im Norden, dort wo 1158 Heinrich der Löwe die Zollbrücke bei Föhring niederbrannte, gibt es eine Flussstrecke, die so unberührt ist, dass du deinen Fluss selbst an Augusttagen ganz für dich hast. Mit einem Kanadier, also einem großen Kanu, erkundest du eine völlig neue Seite des Gebirgsflusses. Du flitzt über Stromschnellen, vorbei an Bäumen und Kiesstränden, die noch nicht von Handtüchern bunt in der Sonne liegen, sondern schneeweiß und verlassen sind. Seit 2010 organisiert Sabine Schmithäuser mit den *Waldmeistern* Touren auf Münchens Flüssen. Für Kinder eignet sich die Tour zu den Nagern auf der Amper. Die Strömung ist hier nicht so stark.

← Wenn du es etwas abenteuerlich magst, steigst du in Freising in einen Kanadier von den Waldmeistern

INSIDER-TIPP
Triff den Biber!

Ganz anders die Isar ab Freising: Hier ist sie ein Gebirgsfluss mit ausgeprägtem Diven-Charakter. Kurven, Wellen, Untiefen und auch Baumstämme gehören zu diesem vierstündigen Kanu-Ritt dazu, der sich wie eine feuchte Runde Autoscooter anfühlt. Kein Haus oder Kraftwerk zerstört das Idyll am Ufer. Eher begegnest du einem Reiher auf der Suche nach Fisch als Münchnern in Badehose. An manchen Stellen musst du die Paddel mit Kraft ins Wasser tauchen, um gegen die Strömung anzukommen, an anderen wiederum ist die Isar so ruhig und klar, dass du beim dich Treibenlassen entspannt auf den maximal 4 m tiefen Grund blicken kannst.

 Kanutour mit Die Waldmeister • Einstieg in Freising an der Luitpoldbrücke, dann in 4 Std. bis Moosburg • diewaldmeister-muenchen.de

Geheime Bibliothek
Vergessene Exponate im Deutschen Museum

→ Wie tickte einst die Turmuhr? Das siehst du am ausgestellten Uhrwerk im Deutschen Museum

Das *Deutsche Museum* ist ein Ort voller Kindheitserinnerungen: Jeder Münchner Schüler – und vielleicht auch du? – kennt die Hochspannungsanlage, die großen Schiffe und Flugzeuge im größten Technik-Museum der Welt. Was die wenigsten je gesehen haben, ist die *Museumsbibliothek*, die seit ihrer Gründung 1903 einzigartig ist – und seitdem frei und gratis zugänglich. Die Bestandsbibliothek wanderte 1932 vom Alten Nationalmuseum in der Prinzregentenstraße auf die Museumsinsel, wo sie bis heute stetig ausgebaut wird. Alles dreht sich um Technik und deren Geschichten. So liegen Erstausgaben Gallileo Galileis oder Johannes Keplers hier, genau wie der »Nature«-Artikel von 1896, der als einer der ersten über die Erfindung der Röntgenstrahlen berichtet.

Zwischen rund 1 Mio. Büchern findet sich aber auch ein echtes Stück Münchner Zeitgeschichte. Sprichwörtlich, denn die historische Turmuhr der Frauenkirche ist im Foyer der Bibliothek ausgestellt. Das Uhrwerk ist rund 3,2 m lang und wurde 2006 gründlich restauriert. Eine Medienstation erklärt, wie der einstige Stadtuhrmacher Johann Mannhardt (1798–1878) die Uhr baute und wie sie tickte.

An der Wand findet sich ein Abbild der ältesten gedruckten Stadtansicht Münchens aus der Schedelschen Weltchronik von 1493. Bibliotheksleiter Helmut Hilz betitelt diese als »eines der herausragendsten Werke der frühen Druckgeschichte«. Die Ansicht zeigt auch die Türme der Frauenkirche – aus Richtung des Deutschen Museums gesehen, wenn es dieses damals schon gegeben hätte.

 Deutsches Museum, Bibliothek • Museumsinsel 1 • deutsches-museum.de/bibliothek

Die Klassiker reloaded

Hexentanz auf der Wiesn Die geheime Party der Schausteller

→ Eigentlich ist Ulrich Keller Theologe – da ist die Hexenschaukel doch ein super Ausgleich

Während im Hacker, Schottenhamel und bei der Fischer Vroni die letzten Noagerl getrunken werden, versammeln sich Insider zum Schankende in der Schaustellergasse. Ein lockender Holzfinger aus den 1930er-Jahren weist den Weg zum Hotspot kurz nach Zeltschluss. Die *Hexenschaukel* – noch heute funktioniert sie nach demselben einfachen Prinzip: Während du auf einer Bank sitzt, drehen sich Himmel und Hölle, Engel und Teufel um dich herum. Die Welt scheint kopfzustehen – und doch schaukelst du nur minimal vor und zurück.

Zwar steht das historische Fahrgeschäft schon seit 1894 auf der Wiesn und ist damit eines der ältesten überhaupt, doch seit ein paar Jahren erfährt es in lauen Oktoberfestnächten ein Revival. Dann schieben die Schausteller Ulrich Keller, Berni Schiedeck und Linus Fuchs ihre Ballonmützen etwas weiter in den Nacken und legen alte Schallplatten auf: Boogie-Woogie, Rock 'n' Roll und die besten Oldies hängen in der Luft, locken Besucher, aber auch Schausteller, Bedienungen und Wiesnmacher an. Wie von allein wippt der Fuß, zuckt das Knie und schwingt die Hüfte, während aus dem ältesten Kassenhäuschen der Wiesn g'schmackige bayerische Sprüche tönen: Das Rekommandieren ist an der Hexenschaukel Tradition. Kommst du zu zweit, hast du deinen Tanzpartner für die Nacht schon dabei, aber auch sonst bleibt niemand lange allein. Spätestens nach einem kurzen Freestyle wirst du von den Tanzenden mitgenommen und hüpfst durch die Nacht, ehe ihr euch bei den letzten ruhigen Liedern in den Armen liegt und sich dann ins After-Wiesn-Getümmel stürzt.

 Hexenschaukel auf der Schaustellerstr. • hexenschaukel.de

Wo das Bier zu Hause ist Selbst o'zapfn im Oktoberfestmuseum

Ein bisschen mehr als Hopfen und Malz lässt Museumsdirektor Lukas Bulka in seinem Haus zu: beispielsweise Steinkrüge von den Anfängen des Oktoberfests. Oder das Reinheitsgebot von 1516 auf Pergament. Eh klar: Das verplombte Geheimrezept für das Wiesnbier vom 200er-Jubiläum lagert in den denkmalgeschützten Räumen in einer Schatulle. Seit 2005 residiert das *Bier- und Oktoberfestmuseum* in Münchens ältestem Bürgerhaus aus dem Jahr 1340. Die Fassade ist noch im klassischen Quadermuster gehalten, in der Nische des römischen Streifenmauerwerks brennt täglich eine Kerze. Die sogenannte Himmelsleiter führt seit Jahrhunderten vom Bürgersteig über vier Etagen unters Dach. Zehn Familien wohnten damals in einem solchen Haus, dicht an dicht. Hitler plante 1923 direkt gegenüber im legendären Sterneckerbräu seinen Putsch. Mehr Münchner Geschichte passen eigentlich nicht auf vier Stockwerke. Und doch kannst du deine eigene schreiben. Das Bier kommt hier aus dem Holzfass, gemäß Münchner Tradition.

← Oktoberfest-Ambiente pur verströmt das Stüberl des Museums

Das *Museumsstüberl* ist die einzige Wirtschaft in München, wo du die Biere von Augustiner, Paulaner, Hacker, Hofbräu, Löwenbräu und Spaten gleichzeitig verkosten kannst.

Sei mutig und greife zum mit Kerben versehenen Schlegel sowie zum blank polierten Zapfhahn. Nach einer Einführung des Ganterburschen zapfst du dein eigenes Fass mit Augustinerbier an. Ob mit zwei Schlägen oder ein paar mehr, wichtig ist nur, dass du auch den Münchner Urschrei »O'zapft is« loslässt.

INSIDER-TIPP Sechser im Bierlotto

11 **Bier- und Oktoberfestmuseum • Sterneckerstr. 2, München/Altstadt • bier-und-oktoberfestmuseum.de**

Verwunschen Auf geheimen Wegen zum Kloster Andechs

Viele Wege führen nach *Andechs*. Aber nur einer ist so verwunschen, dass er wahrlich als Märchenweg durchgeht. Von Schloss Seefeld führt er über das mittelalterliche Widdersberg quer durch das Naturschutzgebiet des Kientals bis auf den Heiligen Berg. Start ist der Bahnhof Seefeld-Hechendorf, von wo es über den Innenhof des Schlosses zum schattigen Höllgraben geht. Alte Mühlen und Backhäuser stehen am Wegesrand, ehe der Pfad zum Kirchplatz von Widdersberg abzweigt. Die Geschichte des Dorfes aus dem 12. Jh. ist überall spürbar.

==Wirf einen Blick in die Barockkirche St. Michael. Maler der berühmten Wessobrunner Schule haben hier den Teufel an die Decke gemalt.==

Gehst du den Berg hinter der Kirche runter, hörst du schon von Weitem den Moosbach gurgeln. Er speist den Stausee Widdersberg, der im 16. Jh. ein Rückhaltebecken für die Mühle von Kloster Andechs war. Später ging der Weiher in den gräflichen Besitz der Adelsfamilie Toerring-Seefeld über. Heute ist er in Privatbesitz – baden darfst du hier also leider nicht. Gleich am Beginn des Weihers führt links ein schmaler Pfad zu einem Bachlauf, wo wilde Brombeerranken sich am Wasser entlangschlängeln. Der Wanderweg selbst führt auf der Westseite weiter in den Wald des Kientals, bis du auf eine alte Wallanlage stößt. Wenig später erblickst du Andechs in seiner vollen Pracht. Nach einer fröhlich-zünftig-bierseligen Pause folgst du dem Weg zur S-Bahn Herrsching. Die Tourdauer beträgt zweieinhalb bis drei Stunden.

INSIDER-TIPP Teufel an der Decke

→ In der kleinen Landkirche St. Michael stößt du auf kunsthistorische Schätze

→ Märchenhaft und verwunschen liegt der Widdersberger Weiher da

12 Startpunkt S-Bahn Seefeld-Hechendorf • Bahnhofstr., 82229 Seefeld • mvg.de

Die Klassiker reloaded

21

Jesus auf Schienen
Das kleine Glockenspiel im Alten Peter

→ Wie lange wird diese Rarität, der auf Schienen fahrende Jesus im Alten Peter, noch Segen spenden?

Gleich vorab: Du musst suchen. Das kleine Glockenspiel im Glaskasten geht im imposanten *Alten Peter* zwischen lauter Heiligenfiguren unter. Am leichtesten findest du es, wenn du über die Pforte von der Seite des Marienplatzes in Münchens älteste Pfarrkirche aus dem Jahr 1180 eintrittst. Vor der hintersten Kapelle steht die Vitrine, knapp 40 cm hoch, mit Münzschlitz. Ein kleines Kirchlein an einem Hügel – das ist es also …

»Bitte während der Messe nicht betätigen« steht auf einem Schild – und man fragt sich unweigerlich: Wie laut mag Jesus auf Schienen rattern? Die Antwort: fast lautlos. Dafür erklingt Glockenmusik, sobald du fünf Cent in den Automaten wirfst. Hinter den Fenstern des Kirchleins geht ein Licht an, der Glöckner im Turm zieht eilig am Seil und plötzlich erklingt das Glockenspiel. Dann gleitet es hinaus: Das Münchner Kind mit dem Kreuz in der Hand und dem Heiligenschein winkt dir zu.

Der Kasten ist eine Rarität. Nach dem Krieg, in den 1950er-Jahren, gab es mehrere dieser Spiele in Bayerns Kirchen. Doch die meisten gingen kaputt. Die Schienenmechanik kann heute kaum noch ein Elektriker reparieren, und so ist es eine Frage der Zeit, bis auch das Peters-Kind das Zeitliche segnet – solange segnet es aber noch die Münchner. Was bleibt nach nicht mal einer Minute Spieluhr: ein warmes Gefühl im Bauch und große Freude, so ein Kleinod bestaunen zu können.

INSIDER-TIPP Einschuss im Altarraum!

==Eine weitere Kuriosität ist die eingemauerte Kanonenkugel, die 1796 im Altarraum einschlug und heute an der Außenmauer an den Vorfall erinnert.==

 Alter Peter • Rindermarkt 1, 80331 München/Altstadt • alterpeter.de

Die Klassiker reloaded

Die Klassiker reloaded

Sightseeing extrem
Mit der Tram in 50 Minuten die Stadt erleben

Luxus und Arbeiter, Prunk und Putz, Glasfronten und Holzdächer: München hat zahlreiche Facetten, die du alle aus der *Tramlinie 19* bewundern kannst. Seit 1908 rattert die Sightseeing-Line ab Pasing in die Innenstadt, quert sieben Stadtteile und passiert an 34 Haltestellen Sehenswürdigkeiten wie Residenz, Oper und Maximilianstraße. Sightseeing geballt in 50 Minuten!

Doch von Anfang an: Vom Bahnhof Pasing aus geht es vorbei am Rathaus des Viertels, das bis 1938 eine eigenständige Stadt war. Über die Landsberger Straße mit abgerockten Fassaden gondelst du ins hippe Westend. Rechts liegt die Augustiner Brauerei, die 1328 gegründet wurde und heute noch die einzige große Brauerei in der Innenstadt ist. Wenn der neobarocke Justizpalast mit seiner 67 m hohen Glaskuppel in Sicht kommt, weißt du, dass du in der Altstadt bist. ==Die Dauerausstellung über die Widerstandskämpferin im Justizpalast steht genau dort, wo Sophie, ihrem Bruder und Christoph Probst 1943 der Prozess gemacht wurde.==

Weiter fährt die 19 über den Promenadeplatz. Sie hält vor Schumanns Tagesbar, ehe sie auf Opernplatz und Residenz zuschießt. Spätestens jetzt brauchst du einen Fensterplatz: Von der Maximiliansbrücke aus blickst du herrlich auf die Isar. Dann wird der Landtag umrundet. Durch das französisch geprägte Haidhausen geht es bis Berg am Laim, das 1913 eingemeindet wurde. Hier steht St. Michael, eine der bedeutendsten Rokoko-Kirchen Bayerns. Für den filigranen Stuck zeichnet u. a. Hofkünstler Johann Baptist Zimmermann verantwortlich.

← Mit der Tageskarte wird die Tram Nr. 19 zum genialen Hop on-Hop-off-Vehikel

14 **Tramlinie 19 • Bahnhof Pasing, 81241 München-Pasing • Tageskarte: 7,80 Euro • mvg.de**

Hat da jemand »Essen« gesagt? Na klar! Aber nur das leckerste und nur in der schönsten Umgebung. Geh auf Foodietour! Staune, was junge Köche aus Obazda und Brezn zaubern. Werde Gewürzprofi oder koste echten Polizeibienenhonig. Zum Abschluss vielleicht ein Elfenespresso?

Die Leckerbissen

Verführerisches
von süß bis deftig

Wenn Braten und Orange rocken
Wirtshaus-Küche neu

Da wird doch der Tafelspitz im Topf verrückt: Jahrzehntelang dachte man, bayerische Gerichte vertragen keine Modernisierung, und dann kommen junge Köche daher und geben dem Angestaubten einen neuen Twist – mit Semmelknödeltalern, Laugenkruste am Hendl oder Ceviche vom Saibling, mit Weißbier-Tiramisu, gerösteten Brezn-Crackern zur Obazda-Creme oder einfach mal einem Sprizz statt Bier im Glas. Dazu dudelt im Hintergrund keine Blasmusik, sondern lässiger Brass-Sound aus Oberbayern – so geht Bayern heute. Im Kern bleibt die oberbayerische Küche sich trotzdem treu: deftig, saucig, sättigend. Was den jungen Wirtschaften gemein ist, ist das neue Denken. Bei den vegetarischen Gerichten – eh klar, mächtige Pfannengerichte wie Kasspatzn – nimm die kleine Mädels-Portion! Nur Helles? Schau in die Weinkarten, die mit denen französischer Restaurants mithalten. **Das *Xavers* hat eine gute Auswahl naturvergorener Weine auf der Karte, die super zu Braten passen.** Klassiker sind gesottene Fleischsorten: An den Schweinsbraten kommt Orange, Asia-Aromen veredeln die Weißwurst, Zimt würzt den Sauerbraten sowie Nussbutter die Kartoffeln.

Was den drei Wirtschaften Xavers, *Ayinger in der Au* und *Servus Heidi* gemein ist: Es gibt sie schon ewig in München, doch so richtig gut liefen sie nie. Bis eben der neue Bayern-Pfiff kam – seitdem rockt hier der Schweinebraten.

← Ob mit Wein oder Bier – Xavers und Ayinger servieren raffiniert-deftige Kost im neuen Bayern-Feeling

INSIDER-TIPP
Naturtrübes im Glas

① **Xavers • Rumfordstr. 35, 80469 München/ Glockenbachviertel • xavers-s.de**

② **Ayinger in der Au • Mariahilfplatz 4, 81541 München-Au • ayinger-in-der-au.de**

③ **Servus Heidi • Landsberger Str. 73, 80339 München-Schwanthalerhöhe • servusheidi.de**

Ganz schön fleißig
Bester Honig von den Polizeibienen

↓ **Die Polizeibienen befüllen die Waben – und sind immer im Einsatz!**

Wer kann schon damit angeben, den Frauendom beim Aufstehen vor der Nase zu haben? Nun, das *Bienenvolk der Polizei München*. Seit März 2015 residieren die Honigbienen im siebten Stock auf dem Dach des Polizeipräsidiums in der Ettstraße. Das Gebäude selbst ist geschichtsträchtig. Es war einst ein Kloster, ehe 1975 rund 900 Beamte hier einzogen – und vor ein paar Jahren gab's echte Verstärkung: Rund 50 000 Bienen kamen hinzu. Betreut von Polizeihauptkommissar Jürgen Brandl schwärmen sie in einem Umkreis von 3 km aus, besuchen den Englischen Garten, den Hofgarten oder die Isarauen. Auch am Rathaus summen

sie, da statt der Geranien hier jetzt ein Insektenbüfett wächst – und vielleicht trifft die Ett-Biene hier auch auf Nachbarn?

An neun Polizeistandorten stehen inzwischen Bienenstöcke. Sie alle werden von Polizisten in ihrer Freizeit betreut. Die Insekten leben auf dem Altstadtrevier, bei der Hundestaffel in Untermenzing, bei der Bereitschaftspolizei in Sendling oder auf dem Dach des Dezernats für Wirtschaftskriminalität. Jedes Volk produziert rund 30 kg Honig pro Jahr, weit mehr als es die Bienen aus dem Umland schaffen. Der Grund ist einfach: Zum einen wachsen in München viele Linden, deren Nektar die Leibspeise der Bienen ist. Zum andern sind Düngemittel wie Glyphosat in der Innenstadt so gut wie nicht ausgebracht, sodass sich die Tierchen nicht vergiften. Den Honig kannst du beim Landesbund für Vogelschutz kaufen.

4 **Polizeibienenhonig erhältlich beim Landesbund für Vogelschutz • Klenzestr. 37, 80469 München-Isarvorstadt-Ludwigvorstadt • polizeibienenhonig.de**

Frisch auf die Hand
Spezialitäten-Stadtteilläden

→ Kreative Limos gibt's bei Soda'La, sensationelle Tartes bei Käthe & Luzia und Soda'la

INSIDER-TIPP
Ein Wurstradl nach Wahl

Die Nachbarin schöpft die Münchner Schokolade, der ehemalige Klassenkamerad röstet die Kaffeebohnen, der Barkeeper-Kumpel mischt die Brezn-Cracker: In dem Stadtteil-Markt *Käthe und Luzia* hat jedes Lebensmittel eine Geschichte. Markus Jellen ist Gourmet aus Leidenschaft. 2017 übernahm er den einst kleinsten Supermarkt Bayerns und beglückte das Lehel mit einem neuen Konzept: Er verkauft nur, was bei ihm daheim auf den Tisch kommt. Ein Tante-Emma-Laden mit hohem Anspruch also. Einer, der selbst Käthe und Luzia glücklich machen würde. Denn Jellens Großmütter sind die Namensgeber des Monaco-Delis, und an ihrem Geschmack misst sich der kleine Laden: Die Damen aßen gern gut, aber eben doch schlicht. Das Herz des Ladens ist die große Frischtheke mit einer Vielzahl Wurst- und Käsesorten sowie hausgemachten Aufstrichen und Salaten. ==Kids dürfen wählen, was für eine Wursch sie gern probieren möchten.== Nur industrielle Gelbwurst – die gibt's nicht.

Experimentierfreudig ist auch der Kiosk *Soda'La*: Typische Helle und unbekannte Craft-Biere stehen neben witzigen Detox-Tees und Schmankerln wie Biersalz oder Bussi-Bussi-Nougat. Mitbringsel findest du hier garantiert!

Handfestes für den Winter bietet die *Einmacherei*: Rouladen und Co. werden versiegelt und schmecken später genau wie selbst gekocht.

5 **Käthe & Luzia • Thierschstr. 7, 80538 München-Lehel • kaetheluzia.de**

6 **Soda'La • Westermühlstr. 13, 80469 München-Glockenbach • sodala-kiosk-business.site**

7 **Einmacherei • Birkerstr. 7, 80636 München-Schwanthalerhöhe • die-einmacherei.de**

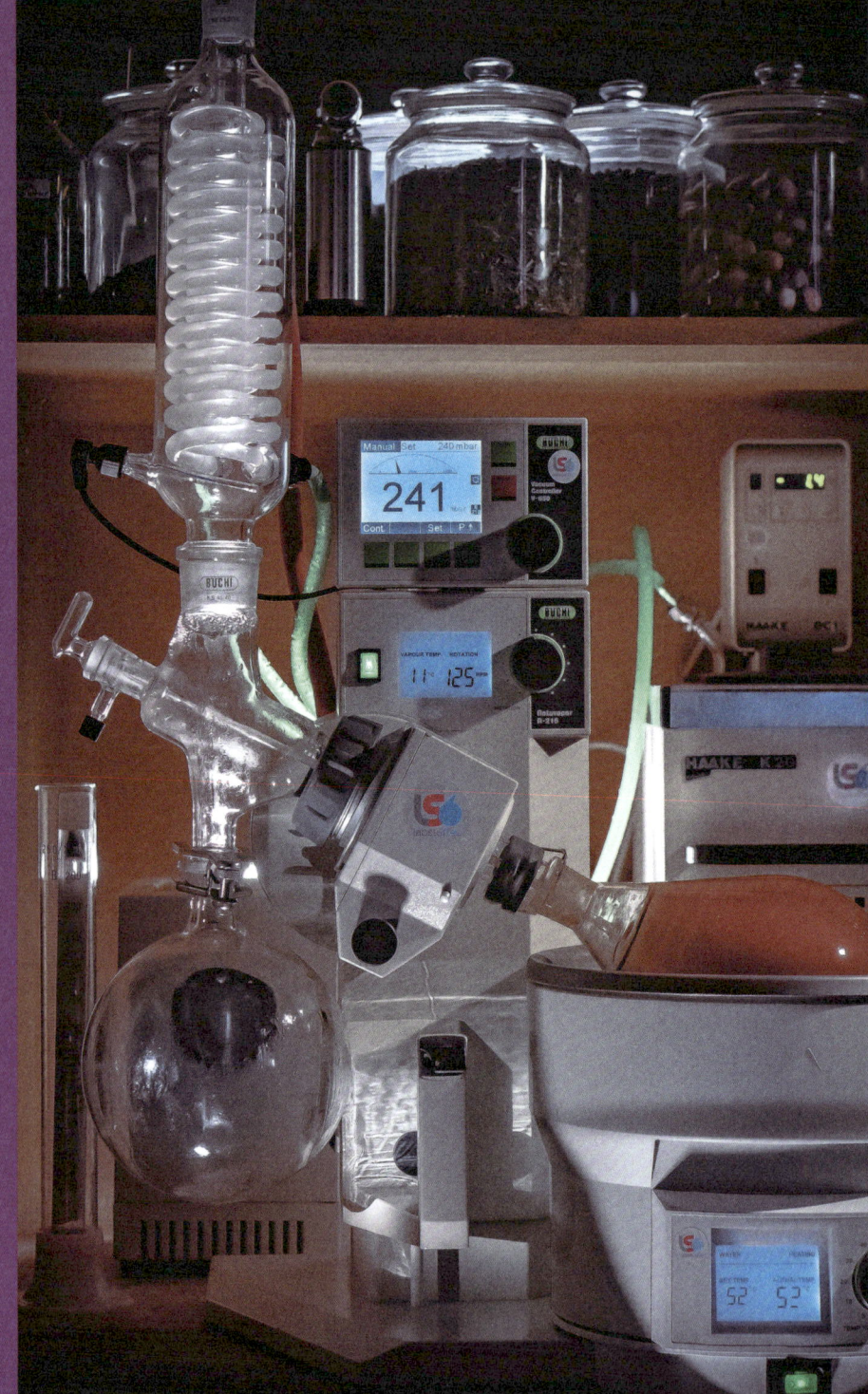

Die Leckerbissen

Cocktailkunst
Wenn die Banane in Dampf aufgeht

Es dampft und raucht, wenn man zu früh in die Bar *Ménage* kommt. In der Buttermelcherstraße – dort wo im 19. Jh. der Milchhändler Butter-Melchior seinen Laden hatte – residiert die kreativste Bar der Stadt. Nicht zuletzt dank eines Rotationsverdampfers: einer Apparatur, in der unter Vakuum einzigartige Destillate als Grundlage für die Cocktails entstehen. Die Barbetreiber Johannes Möhring und René Soffner sind keine Unbekannten in der Szene. Johannes mixte jahrelang im Schumann und Roomers, René gehört die Frankfurter Kinly Bar, die 2019 als beste Deutschlands ausgezeichnet wurde. Im Dezember 2018 eröffneten die Freunde die Ménage, was auf Französisch für »Haushalt« steht – und zu den Jungs passt: zwei Freunde, zwei Bars, Drinks und Essen.

Essbares kommt hier gemäß einer wechselnden Karte auf den Tisch, aber auch ins Glas. Überreife Banane trifft da auf Rum, wird durch den Verdampfer gejagt und kommt als fast klare Spirituose heraus. Dazu mixt das Ménage-Team Tonka-Bohne, *sous vide* zu Sirup gegart, und geklärten Limettensaft. Die samtig-aromatische Geschmacksexplosion ist das, was Johannes Möhring einen Turbo-Drink nennt: Er geht vom Gaumen direkt ins Herz – so gut! Auch mit Roter Bete, Ingwer, Lapsang-Tee, Birkenblättern oder Fleur de Sel experimentiert er. Die Drinks sind klar, lecker und bis ins Detail durchdacht. Die Raffinesse hört aber beim Alkohol nicht auf: In den großen Einweckgläsern am Tresen schwimmen Äpfel, Ananas und Co. herum und werden fermentiert. Daraus entstehen die hauseigenen Kombuchas und Kefirs.

← **Der Rotationsverdampfer der Bar Ménage garantiert dir superraffinierte Cocktails**

Ménage Bar • Buttermelcherstr. 9, 80469 München-Glockenbachviertel • menage-bar.com

Spezl, lass uns was trinken gehen! Frühschoppen up to date

→ Die MS Utting hat auf einer Eisenbahnbrücke in Sendling ihre wahre Bestimmung gefunden

INSIDER-TIPP
Münchens Klassiker

Früher war mehr Brunch. Heute mehr Frühschoppen. Die Tradition, sich am Wochenende mit Kumpels bei einem ersten (gern alkoholfreien) Weißbier zu treffen und so die letzten Tage Revue passieren zu lassen, lebt in München wieder auf. Dafür braucht es nicht viel: einen großen Tisch, Weißwürste, ein Getränk und gute Freunde. Auf der *MS Utting* findest du genau das – und mehr. So legt am Wochenende entweder ein DJ im Biergartenbereich auf, oder aber es ist der Jazz-Frühschoppen mit ordentlich Trompeten und Klaviersound angesagt. Und keine Sorge wegen der Weißwürste: Für moderne Foodies gibt es auf dem ausrangierten Dampfer vom Ammersee Overnight-Oats Kokos-Kirsch oder Schoko-Banane, vegetarische Panini sowie Crêpes und natürlich auch Chai-Tee, Flat White und Hafermilch in den Cappuccino. Zu zwei Weißwürsten kaufst du an Bord das Weißbier vergünstigt für 2,90 statt für 3,50 Euro.

Für alle, die das Nachtleben auch tagsüber vermissen, serviert seit wenigen Monaten der Underground-*Club Substanz* am Wochenende Frühstück. Die pochierten Eier und Pancakes in Disko-Ambiente kurieren jeden Kater. Getafelt, dass die Biertische sich biegen, wird in der *Spezlwirtschaft Haidhausen:* jeden Sonntag mit Weißbier, Würsteln, Müsli und am besten den guten Spezln.

9 MS Utting • Lagerhausstr. 15, 81371 München-Sendling • alte-utting.de

10 Club Substanz • Ruppertstr. 28, 80337 München-Ludwigvorstadt-Isarvorstadt • substanz-club.de

11 Spezlwirtschaft Haidhausen • Pariser Str. 34, 81667 München-Haidhausen • spezlwirtschaft.me

Der angesagte Style
Veganes aus der Metzgerei

→ Grilled Cheese Sandwich im Veggie-Sehnsuchtsort Om Nom Nom

Das Herz der Münchner Veganerszene schlägt in einer ehemaligen Metzgerei. Ausgerechnet! Vielleicht ist es aber auch Fügung, dass das coolste Veggie-Café der Stadt in einem Laden sitzt, in dem in den 1970er-Jahren Würste und Schinken über die Ladentheke gingen. Heute servieren hier die Jung-Gastronomen Marlen Ventker und Daniel Tesic leckere Tartes, Kuchen und Brownies zu Hafer-Cappus oder No-Milk-Shakes. Und wenn begeisterte Schnitzelesser hier einmal Neuland betreten, werden sie vielleicht auch begeistert sein von Nuss, Soja und Co. in genialen Kreationen. Das *Om Nom Nom* – benannt nach den Geräuschen, die das Krümelmonster beim Essen macht – kann mehr als Avocadobrot, Veggie-Bowl oder Salat. Etwa Lasagne mit krasser Kruste. Oder schmelzende Grilled-Cheese-Sandwiches sowie Flammkuchen mit selbst angerührtem Soja-Essig-Schmand. »Wir wollen Käse nicht imitieren, sondern mit den pflanzlichen Produkten ein ganz neues Geschmackserlebnis zeigen«, sagt Marlen Ventker. Der Lieblingskäse der Besitzer ist der vegane Camembert aus Cashewcreme mit weißem Edelschimmel – direkt aus Paris.

INSIDER-TIPP
Direktimport aus Paris

Neben dem Mittagstisch findest du in der großen Kühltheke bis zu 30 Käsesorten aus Frankreich, Italien, den Niederlanden, Deutschland, Slowenien oder Großbritannien für daheim. Auch eine Art Mozzarella und Trüffelbutter gibt es zu kaufen. Aber wahrscheinlich magst du viel lieber einfach sitzen bleiben: Denn die gelben Fliesen aus der Metzgerei hinter den rosa Samtbänken sind so stylisch, dass du dich mitten in London glaubst.

 Om Nom Nom Café & Feinkost • Oberländerstr. 24a, 81371 München-Sendling • om-nom-nom.de

Möge die Knolle mit dir sein Der Gewürzkurs mit Sommelière

→ Im Anderswo lassen Kardamom, Kurkuma, Zimt und andere Gewürze die Geschmacksknospen explodieren

Blauschimmelkäse mag Zimt. Und Kurkuma liebt Milch. Kardamom blüht im Mokka besonders schön auf. Gewürzsommelière Michaela Baur verführt eure Nasen und Gaumen: zu den Aromen des Orients, der Levante- und der indischen Küche. Dort gehören diese Gewürze seit je zum Alltag. Zehn Knollen, Blüten, Rinden und Samen stellt sie in ihren Kursen vor. Die Düfte und Geschichten hinter Safran und Co. bleiben im Gedächtnis und in der Nase hängen: Foodies finden Angeberwissen, Hobbyköche Inspiration, und für Leckermäuler gibt's kleine Kostproben.

In den drei Stunden wird gerieben, gehackt, geschabt und gemahlen. Spannend ist der Abend im *Anderswo*, einer Küchen-Location, die eine Menge Kochkurse anbietet, von klassisch bis exotisch. Das Gewürzseminar ist anders: Es geht weniger ums Machen als ums Fühlen, Erleben und Genießen mit allen Sinnen. Danach solltest du mutiger an den Kochtöpfen sein, auch mal Alltägliches mit abgefahrenen Aromen würzen oder gleich deine eigene Mischung kreieren. Du wirst Neues entdecken und dich für ein paar Schnupper-Sekunden im Urlaub wähnen. Michaela Baur erforscht seit vielen Jahren Gerichte, Aromen, Traditionen rund um den Globus. Was allen gemein ist: »Gewürze sind zeitlos und gleichzeitig modern. Die ätherischen Öle in ihnen sind so intensiv und individuell, dass sie nichts ersetzen kann.« Etwa alle drei Monate findet der Sommelière-Abend statt. Michaela Baur packt die lange Rinde ein: »Zimt, den man auch gut mal zu was Salzigem essen kann.«

 Gewürzkurs im Anderswo • Westendstr. 113, 80339 München-Westend • anderswo-location.de

Von Ziegen und Zwetschgen Besonderes auf den Wochenmärkten

Dieser Käse kommt in Begleitung. In bester: Die Laibe am Bauernstand in der Klenzestraße schmücken Heublumen, Feigen, Chilikruste oder eine Dattel-Walnussschicht. Die Käsespezialitäten der Familie Mughal aus dem Voralberg sind Kunstwerke, und auch die Auswahl an Ziegen- und Schafskäse ist nirgends größer. Den *Bauernmarkt* auf dem Pausenhof der Grundschule im Glockenbachviertel, der gerade mal zehn Stände umfasst, übersiehst du leicht. Ein bisschen fühlt man sich hier samstags wie auf einer italienischen Piazza: Es gibt Aufstriche, Olivenöle und Pesti, Fleisch und Vinschgerl, mal Äpfel aus Südtirol, mal Blumensträuße frisch vom Feld. Ein Espresso vom Bulli-Stand macht das Dorf-Flair perfekt.

Ebenso ein Geheimtipp unter Münchnern: Plöckls himmlische Kuchen auf dem *Wochenmarkt* vor der Kirche St. Anna im Lehel am Donnerstag. Seit über 25 Jahren steht der Familienbetrieb aus Dachau hier. Die Buchteln sind der Knaller, der Käsekuchen schmeckt wie von Oma, und die Blechkuchen sind zum Anhimmeln gut. Saftig, nicht zu süß, ziemlich perfekt! Langschläfern sei der *Wochenmarkt Neuhausen* empfohlen. Bis 19 Uhr kannst du an Donnerstagen hier einkaufen – Messerschleifer inklusive.

← **Italienisches Flair auf dem Bauernmarkt in der Klenzestraße**

14 **Bauernmarkt** • Klenzestr. 48, 80469 München-Glockenbach • klenzemarkt.de

15 **Wochenmarkt Lehel** • St.-Anna-Platz 1, 80538 München-Lehel • instagram.com/ploeckls.himmlische.kuchen

16 **Wochenmarkt Neuhausen** • Rotkreuzplatz, 80634 München-Neuhausen • muenchnerwochenmaerkte.de

Die Leckerbissen

44

Wie ein Abend mit Freunden Und Bella Italia auf dem Teller

An manchen Tagen steht Sebastiano Murdaca noch selbst in der Küche. Dann gibt es Gerichte »à la Chef«. Kurzgebratene Thunfischtranchen auf Rucola etwa. Oder Spaghetti Scoglio mit Garnelen und Muscheln. Davor gebratener Scarmoza-Käse auf Feigen und Radicchio, in der Folie gegart. Wer danach noch Platz hat: Die Armagnac-Pflaumen auf Vanilleeis sind fruchtig-herb. Seit 25 Jahren ist das *Villini* in der Pendlerstadt Germering ein Geheimtipp unter allen, die westlich von München wohnen. Und sie wahren ihn gut. Denn die Plätze sind rar, und der Italo-Charme der Familie Murdaca ist außergewöhnlich. Bei Villini gibt's kein Bussi-Bussi, sondern einen Handschlag. Während die Dorade aus dem Salzteig filetiert wird, philosophiert der Kellner mit dem Gast, warum Juventus die Bayern schlagen wird. Nichts ist hier zu viel, nichts aufgesetzt, nichts gekünstelt. Du isst auf Gourmet-Niveau in so unprätentiöser Atmosphäre, dass du glaubst, bei guten Freunden zu sitzen – und das bei fairen Preisen. ==Der Wein der Woche kostet pro Flasche 23 Euro und ist immer ein Lieblingstropfen des Chefs.==

Als kleine Pizzeria fing alles an, nach und nach wurde ausgebaut, und die Pizzas traten in den Hintergrund – wenn sie auch noch auf der Karte zu finden sind. Spannender sind die Tagesspezialitäten, wie man sie selbst in München-Stadt nicht bekommt. Rochenflügel, Wildschwein, Kastaninenfettuccine oder Schwertmuscheln bringt Sebastiano Murdaca mit Understatement auf den Tisch.

← Höchste Gourmetgenüsse in unaufgeregter Atmosphäre: das Villini

INSIDER-TIPP
Edle Tropfen, aber günstig!

17 Ristorante Villini • Theodor-Heuss-Str. 1, 82110 Germering • villini.de

Das Gelbe vom Ei
Zwei Landwirte erfinden den Dotter neu

→ Alexander Grünwald, Chef von Schwarzhubers Chickeria, beaufsichtigt über 100 Hennen

INSIDER-TIPP Rührei-Spezialität

Der Klee macht's. Dank ihm werden die Dotter der Eier aus der *Chickeria* auf dem Schwarzhuber Hof Allach nicht etwa gelb, nein, sie werden satt orangefarben. Und die Farbe kann man sogar schmecken: Viel intensiver, sämig und leicht buttrig sind die Eier, die rund 1500 Hennen jeden Tag am Stadtrand legen. Auf die Wiese. Denn dort leben die Tiere, die so etwas wie moderne Nomaden sind: Hofbesitzer Alexander Grünwald hat ihnen einen mobilen Stall gebaut, der alle paar Wochen versetzt wird. So haben die Hennen auf insgesamt 6000 m² immer genügend frisches Grünfutter, das ihre Eier so besonders macht. ==Bei den Eiern der Junghennen ist der Dotteranteil weit höher, auch wenn das Ei insgesamt kleiner ist. Perfekt für Rührei!==
Der Schwarzhuber Hof ist seit 1625 ein Familienbetrieb, seit 2016 geht er neue Wege. »Brutal Regional« nennt Jungchef Grünwald sein Konzept, bei dem nur bayerisches Korn als Proteinkick zugefüttert wird. Die Sechser-Palette am 24-Stunden-Eierautomaten direkt am Hof kostet 3 Euro. Das Gelbe vom Ei wandert zum einen in hausgemachte Nudeln, zum anderen zu Regina Rohr-Heckenberger vom *Allacher Hofladen*. Sie kocht aus den Dottern ihren Eierlikör, den sie als witzige Geschenkidee in der Tube verkauft. So ist er bestens gegen Licht geschützt und nimmt wenig Platz im Kühlschrank ein. Oder wie sie meint: »Der geht auch im Handgepäck mit ins Flugzeug.«

 Schwarzhubers Chickeria • Eversbuschstr. 164, 80999 Allach • **brutal-regional.bayern**

 Eierlikör vom Hofladen Allach • Holunderweg 15, 81249 Allach • **facebook.com/hofladenallach**

Die Leckerbissen

Elfen-Espresso schlürfen Im isländischen Café

Schon beim WLAN-Passwort wird es kompliziert. Das heißt nämlich im *Café Blá* »Eyjafjallajokull«. So wie der Vulkan auf Island. Und auch sonst sind Zungenbrecher in dem kleinen, ganz in Gletscherfarben gehaltenen Café an der Tagesordnung. Gut, dass es Skyr-Kuchen im Glas gibt, denn den kann zumindest jeder akzentfrei bestellen …

2016 eröffnete Stephanie Bjarnason ihr Café. Halb Französin, halb Isländerin, lag ein skandinavisches Kaffeehaus irgendwie nahe. Außerdem haben die Isländer den höchsten Pro-Kopf-Verbrauch von Kaffee in Europa. Das wollte die Gastronomin nach München transportieren. Und es ist ihr geglückt: Im schlichten Interieur schlürfst du deinen Cappuccino und genießt dazu eine Zimtschnecke, herzhafte Waffeln oder eine vegane Blaubeer-Tarte. Was ist eigentlich der Unterschied zwischen Espresso und Filterkaffee? Bei den Duo-Verkostungen kommst du der Bohne geschmacklich auf die Spur.

Bei schönem Wetter kannst du unter der weiß-blauen Markise an abgesägten Baumstämmen sitzen. Und dann spürst du sie: die isländische Ruhe. Nichts ist hier hektisch, nichts laut.

So geht der nächste Zungenbrecher wie von selbst über die Lippen: »Álfrún« heißt die hauseigene Espresso-Mischung, was »Elfengeheimnis« bedeutet. Diese kannst du mit nach Hause nehmen, genauso wie Lakritz-Schokolade, Blaubeer-Likör aus Reykjavik oder die Einstök-Craft-Biere aus Island. Bleibt eine Frage: Was heißt eigentlich »Blá«? Das ist isländisch für Blau – die Sprache ist vielleicht doch gar nicht so schwer wie gedacht!

← Isländisches Flair im Café Blá, wo du dich auch mit Kaffee für Zuhause versorgen kannst

INSIDER-TIPP
Kaffee-Verkostung

 Café Blá • Lilienstr. 34, 81669 München-Au • cafebla.de • keine Barzahlung, nur mit Karte!

Schwarze Braukunst
Die Kaffeeröster interessiert's die Bohne

→ Edle Bohnen von Junker's Café-Rösterei

Raschhhhhh ... Mit einem lauten Klackern fallen die Bohnen hinter der alten Jugendstiltür in den Kaffeesack. Wenn Nina Junker und ihr Vater Michael rösten, dann wabert das unvergleichliche Aroma frischen Kaffees durch das alte Bürgerhaus. 2018 hat sich das Duo mit seiner Rösterei direkt am Fluss Herrenmoosach selbstständig gemacht. Seitdem ist die Rosenstadt Freising um eine Duftnote reicher. Acht unterschiedliche Sorten bietet *Junker's Café-Rösterei* an und fährt damit gut: Die Rösttrommel ist im Dauereinsatz. Da sie direkt im Kaffeehaus ihre Arbeit macht, kannst du hier zuschauen, fragen oder eben schnuppern, während du Ninas hausgemachte Sandkuchen oder Torten probierst. Alle Mischungen sind besonders mild und säurearm – das ist angenehmer für den Magen.

Etwas kräftiger geht es bei *Fausto* am Auermühlbach zu. Die Manufaktur in der alten Kraemerschen Kunstmühle hat sich auf klassische Espressosorten wie in Italien spezialisiert. Design-Silos liefern die Bohnen direkt an die Röstmaschine, die beispielsweise die Mischungen Monaco, Giasing und Napoli kreiert. ==Was hinter den Sorten steckt, wie du den perfekten Espresso braust und den Milchschaum kunstvoll auf die Crema gibst, lernst du in den Baristakursen an der Theke.== Mit Bohne, heißem Wasser und viel Liebe wird auch bei *Rößlers* geröstet. Das Sortiment hat einiges für Filterkaffee-Fans zu bieten!

INSIDER-TIPP
Barista-Know-how

21 Junker's Café-Rösterei • Fischergasse 4, 85354 Freising • junkers-cafe-roesterei.de

22 Fausto in der Kraemerschen Kunstmühle • Birkenleite 43, 81543 Untergiesing • fausto-kaffee.de

23 Rößlers Kaffeerösterei • Rosenheimer Str. 4b, 85635 Höhenkirchen-Siegertsbrunn • roessler-kaffee.de

Höher, kälter, königlicher Die besonderen Biergärten

→ Königlich-bayerische Küche genießt du in der Schlossgaststätte Leutstetten

Manchmal bedeuten 45 m einfach alles. So beim Biergarten *Olympiaalm*. Er ist offiziell der höchste Biergarten der Stadt, liegt auf 564 m. Während der Münchner normalerweise auf 519 m über dem Meeresboden wandelt, kannst du am Oly-Berg quasi Höhenluft schnuppern. Definitiv hast du einen Traumblick. Und das auf historischem Boden: Der Berg, auf dem die Alm steht, ist ein Schutthaufen aus Trümmern des Zweiten Weltkriegs, die entsorgt und zu den Olympischen Spielen 1972 begrünt wurden. Seitdem gibt's hier Brotzeit, Alm-Helles und die perfekte Ausrede für einen Obazda-Nachschlag. Höhenluft macht ja bekanntlich hungrig!

Hunger solltest du mit ins *Mini-Hofbräuhaus* im Nordteil des Englischen Gartens bringen. Das Bauernfrühstück für 6,90 Euro und der täglich frische Schweinsbraten für 9,50 Euro sind unschlagbar günstig. Am besten lädst du gleich jemanden ein: ==Als Flirtbörse ist der Biergarten bei Hundebesitzern hoch gelobt. Wer mit dem Vierbeiner einkehrt, ist unter Fiffifans – und die Tiere dürfen von der Leine.== Das Mini-HB ist auch der einzige Biergarten, an Weihnachten und Silvester geöffnet hat. Dann wärmst du dich mit heißer Oma (warmer Eierlikör mit Schlag) an den Feuerstellen. Der königlichste Biergarten liegt, klar – am Starnberger See: Die *Schlossgaststätte Leutstetten* gehört den Wittelsbachern.

INSIDER-TIPP
Gassigänger trifft Hundefreundin

24 Biergarten Olympiaalm • Martin-Luther-King-Weg 8, 80809 München-Milbertshofen • olympiaalm.de

25 Mini-Hofbräuhaus im Englischen Garten • Gyßlingstr., 80805 München-Schwabing • facebook.com/minihb

26 Schlossgaststätte Leutstetten • Altostr. 11, 82319 Starnberg • hs-gaststaetten.de

Die Leckerbissen

Die Leckerbissen

Vereist und zugeschnapst Hochprozentiges am Stiel

Man nehme: eine große Hand voll Früchte, ein Stamperl Schnaps und eine echt gute Eismaschine. Heraus kommt ein Prosit am Stil! Ganz recht, in Giesing haben sich zwei junge Männer was wirklich Kreatives einfallen lassen. Statt ihre Marille aus Gläsern zu trinken, frieren sie das Destillat für den Hochsommer ein und verkaufen es als handgemachtes Steckerleis. Das ist nur nicht herrlich erfrischend, sondern macht auch richtig Spaß – und ist nebenbei frei von Schmarrn: ohne Aromen und Zusatzstoffe, dazu noch vegan und eben *eiskoid*. Schleck-Spaß für Erwachsene pur! 60 % sind Frucht, dazu kommt der Alkohol mit 11,5 %. Die fruchtigen Schnäpse am Stiel gibt es in zig Variationen – und immer wieder kommen neue hinzu.

Klassiker ist der herb-zitronige Gin Tonic, typisch bayerisch sind Willi, Himbeergeist und Obstler am Stiel. Dazu gibt's gefrorene Cocktails: Mojito, Mosow Mule oder Erdbeer-Daiquiri. Je nach Sorte kostet der Spaß zwischen 2,20 Euro und 3,50 Euro. Wer lieber ohne Umdrehungen bleiben möchte: Himbeer-Mango, Erdbeere und wechselnde Fruchtsorten gibt's ebenso am Stiel. Die Früchtchen kommen von ausgewählten Produzenten und sind echt extrafrisch. Zudem ist das Eis so hergestellt, dass es nicht gar so schnell schmilzt – es bleibt also am Stiel und klebt nicht an den Fingern. Die große Gefriertruhe steht übrigens im neu eröffneten Getränkestudio Giesing. Die kleine geht im Hochsommer auf Touren: als mobiles Eis-Radl an der Isar.

← »Eiskoide« Köstlichkeiten in traumhaften, hochprozentigen Variationen

 Eiskoid im Getränkestudio Giesing • Sommerstr. 38, 81543 München-Giesing • eiskoid.de

Topfgucken erlaubt
Chäsfondue nach Familienrezept

→ Schweizer Alpenromantik im Troadkasten des Brauereigasthof Aying. Wie wär's mit einem Chäsfondue?

Die Schweiz liegt ab jetzt im Südosten. Und das auch noch in einer der ältesten und traditionsreichsten Wirtschaften Oberbayerns! Im *Brauereigasthof Aying* zaubert Küchenchef Mario Huggler Käsefondues, wie du sie in einem Kanton mitten in den Alpen nicht besser bekommen würdest. Als gebürtiger Schweizer hat er die Tradition 2015 vor die Tore Münchens gebracht. Seitdem gibt es Chäsfondue wie bei ihm daheim. Das Geheimnis liegt nämlich in der Mischung: Gruyère und Vacherin Fribourgeois treffen auf ein saftiges Stamperl Kirschwasser. Dazu kommen ein bisschen Knoblauch, Salz, Pfeffer und eine Prise Muskat ins Fondue. Dann wird das sogenannte Ruchbrot – eine Roggen-Weizenmischung – getunkt und der Topf bis zur letzten Kruste ausgekratzt. Weil das Auge mitisst, finden die Fondueabende an jedem Donnerstag zwischen Januar und März im »Troadkasten« statt. Der ehemalige Getreidespeicher hat alles, was es für so einen Abend braucht: Holztische und Nischen, süße Alm-Deko und karierte Kissen. Die jahrhundertealte Blockhütte ist nur eine von zehn Locations, die die Familie Inselkammer seit 1810 hier pflegt. In siebter Generation werden die Privatbrauerei, Restaurants, der Biergarten und das Hotel mit viel Liebe und Heimatverbundenheit geführt. ==Während es im Biergarten brummt, kennt fast kein Münchner den Wirtsgarten hinter dem Hotel. Hier gibt es Schmankerl, Veranstaltungen und Romantik-Flair.==

Wer nach so vielen Leckereien ein bissl Sport braucht: Auf der historischen Kegelbahn von 1886 kannst du eine ruhige Kugel schieben. Selbst mit vollem Bauch.

INSIDER-TIPP
Schmankerl im geheimen Garten

 Brauereigasthof Aying • Zornedinger Str. 2, 85653 Aying • brauereigasthof-aying.de

Die Leckerbissen

Kunst & Kultur! Zum Gucken. Zum Machen. Zum Mitmachen. Und manchmal auch zum Kaufen. Im Museum oder an der frischen Luft. Von Design im Untergrund, modernen Märchenerzählern und Kunst in der Kirche. Hier gibt's jede Menge kreativen Input!

Die kreativen Orte

Kunst & Kultur von gediegen bis hip

Bunte Streetart
Künstler sprayen unsere Tunnel schön

→ Schrille, plakative Street-Art findest du auch unter der Donnersbergerbrücke

Tunnel sind finstere Orte? Diese nicht! Die lokalen Street-Art-Künstler haben sich ehemals grattliger Unterführungen angenommen und sie zu frei zugänglichen Kunstarealen gemacht. So geschehen am Fuß des Friedensengels *unter der Luitpoldbrücke*. Künstler wie Loomit, Flin oder C100 verwandeln seit 2011 die Betonplatten in Kunst, vertikale Lichtröhren trennen die Werke voneinander – so entsteht eine echte Galerie. Den Startschuss für die Underground-Ausstellung gab die New Yorker Künstlerin Lady Aiko, doch ihr Bild ist längst übersprayt: Die meisten Graffiti bleiben zwei Jahre, dann darf jemand anderes seiner Fantasie freien Lauf lassen. Auffällig ist, dass einige Sprayer sich das Themas »Engel« vorgenommen haben – passend, wo doch der Friedensengel seit 1899 in 38 m Höhe über der Brücke schwebt.

Was die wenigsten wissen: Die hiesige Street-Art kann mit Berlin oder Hamburg mithalten. So liegt laut Experten sogar der Ursprung der deutschen Graffiti-Bewegung an der Isar – und das bei dem Sauberfrauen-Image der Stadt. Die Geschichte der Street-Art-Szene lernst du bei einer Stadtführung des Museum of Urban and Contemporary Art – kurz MUCA – kennen. Weiterer Hotspot ist der *Alte Schlachthof:* An der Backsteinmauer an der Tumblingerstraße kannst du am Wochenende den Künstlern beim Sprayen zusehen. Ein Münchner Kindl lebt übrigens unter dem nördlichen Teil der *Donnersbergerbrücke* – und gibt sich grantig …

INSIDER-TIPP
Führung zur Street-Art

1 Unterführung an der Luitpoldbrücke • 81675 München-Bogenhausen • muca.eue

2 Schlachthof an der Tumblingerstr. • 80337 München-Ludwigsvorstadt-Isarvorstadt

3 Parkplatz unter der Donnersbergerbrücke • 80636 München-Neuhausen

Die kreativen Orte

Die kreativen Orte

Der perfekte Stich
Dirndlschürzen selber nähen

Schon mal gestiftelt? Nein? Dann wird's Zeit. Als echte Münchnerin solltest du einmal im Leben gestiftelt haben – und so schwer ist das gar nicht: Diese besondere Raffung auf der Dirndlschürze wird erst gelegt und dann mit einer einfachen Quernaht fixiert. Das Ergebnis: Die Schürze sitzt auf Taille und fließt dann geschmeidig gerafft über die Beine. Expertin fürs Stifteln ist Kathy von der Nähwerkstätte *Louloute*. Seit 2013 bringt sie den Münchnerinnen alles Wichtige an der Nähmaschine bei. Der Knaller sind vor allem ihre Dirndlschürzen-Kurse, die sie viermal im Jahr anbietet. Warum? Weil es keine Vorkenntnisse braucht.

Eine Schürze ist perfekt für alle Einsteiger, die keine Lust haben, Kissen oder ein Täschchen zu nähen. Das Schwierigste bei dem Ganzen: Das Aussuchen des richtigen Stoffes. Seide, Spitze, Samt oder klassische Baumwolle? Streublümchen, Streifen oder Uni mit Applikation? In einem ersten Schritt misst und schneidest du den Schürzenstoff. Nach einer kleinen Einweisung in die Technik der Nähmaschine geht's ans Stoffliche – lass die Nadel tanzen! Ein heikles Thema: Wie lang darf die Schürze auf dem Dirndl sein? Die Antwort: Drei Fingerbreit oberhalb des Saums sollte sie aufhören.

Mit einigen Standardstichen, ein bisschen Deko-Action beim Aufnähen der Borte und einem ordentlich genähten Tunnel am Schleifenband ist es auch schon getan. Nach zwei Abenden kannst du deine Schürze mit nach Hause nehmen.

← DIY nach alter Tradition: Bei Louloute kreierst du deine individuelle Schürze

INSIDER-TIPP
Die richtige Schürzenlänge

 Louloute • Gollierstr. 33, 80339 München-Schwanthalerhöhe • louloute.de

Die kreativen Orte

SEErienmarathon
Die Postkarten der Ammersee-Künstlerin

Ein Segelschiff im Morgengrauen. Eine Bootshütte im Blätterwald. Ein Steg bei Sonnenuntergang. *Tanja Hust* malt mehr mit ihrer Kamera, als dass sie die Realität abbildet. Die Fotografin vom Ammersee shootet seit Jahren ihre Wahlheimat Bayern und steht dafür meist um fünf Uhr morgens auf. »Dann ist das Licht am Wasser am besten«, sagt sie. Ihre Bilder sind beruhigend, sinnlich, mal romantisch, mal leuchtend. Diese Fotos lässt sie als exklusive Postkarten drucken: Damit sich jeder einen Seemoment ins Wohnzimmer holen kann, ohne viel mehr als ein paar Euro auszugeben. Zusammen mit der Buchhandlung *Timbooktu* in Schondorf kam sie darauf, kitschfreie Postkarten anzubieten. »Solche, die auch Einheimische gern verschicken: matt, dezent, stilvoll«, schwärmt sie. ==Die Buchhandlung führt außerdem eine große Auswahl regionaler Krimis und Bücher über das Fünfseenland.==

← Mit rund 50 Motiven hat die Buchhandlung Timbooktu das größte Postkartensortiment von Tanja Hust am See

INSIDER-TIPP Geschichten von dahoam

Begonnen hat Hust mit der klassischen Vierer-Postkarte. Dann kamen hochwertige Kunstkarten zum Aufklappen, die sowohl als Hochzeits- als auch als Trauerkarte funktionieren. Neu im Sortiment sind die Motivkarten mit Sprüchen wie »Ich bin SEErienjunkie« oder »Keep calm und sag Servus«. Die Karten werden jeweils den Jahreszeiten angepasst. Dazu macht Hust Wandkalender und großformatige Bilder, die begehrt sind. Wenn du die Postkarten rahmst, kannst du sie super im Wohnzimmer aufhängen.

5 Postkarten bei Timbooktu • Bahnhofstr. 24, 86938 Schondorf am Ammersee • timbooktu-ammersee.de

6 Atelier Tanja Hust • Kirzingerstr. 15, 86911 Dießen am Ammersee • tanjahust.de

Die Geschichte des Geistes Das Psychiatriemuseum in Haar ist einmalig

→ **Das Psychiatriemuseum präsentiert Kleidungsstücke aus der Geschichte, darunter die damalige Schwesterntracht**

Oskar Maria Graf wollte so gern verrückt sein. Zumindest ein bisschen. Denn dann müsste er 1916 nicht an die Front. Stattdessen ging er für ein Jahr in die Psychiatrie von Haar. Dies ist nur eine Geschichte von vielen, die das außergewöhnliche Museum im Klinikum erzählt. Im ersten Stock der Jugendstilvilla zeigen Krankenakten, alte Fotos, Pillendosen, Briefe, Gemälde, aber auch Zwangsjacken, wie in München seit über 115 Jahren Schizophrenie und Wahn therapiert werden.

Genie und Wahnsinn liegen oft nahe beieinander: So stellte der Patient Peter Kimmel jeden zweiten Tag ein Ölgemälde fertig und hinterließ dem Klinikum rund 300 Bilder, die in Sonderausstellungen bis heute gezeigt werden.

Bei einem Rundgang durch das *Psychiatriemuseum am kbo-Isar-Amper-Klinikum München-Ost* siehst du außerdem einen rekonstruierten Wohnraum aus der Gründerzeit und einen Schlafsaal mit dem einzigen Bett, das von damals übrig geblieben ist. Sie vermitteln einen Eindruck vom früheren Klinikleben: Haar funktionierte wie ein Dorf, so füllten etwa Kranke in der eigenen Limonadenfabrik Getränke ab, um sich zu beschäftigen. Das Psychiatriemuseum lässt auch die Rolle der Einrichtung in der NS-Zeit nicht außer Acht und setzt sich damit auseinander.

Nach einem Besuch des Museums kannst du im nahe gelegenen Sport- und Freizeitpark Eglfing durchatmen und auf einer der Bänke zur Ruhe kommen, den Sportlern zuschauen und den Tag Revue passieren lassen.

 Psychiatriemuseum am kbo-Isar-Amper-Klinikum München-Ost • Vockestr. 76, 85540 Haar • kbo-iak.de

Die kreativen Orte

Die kreativen Orte

Echt dufte Die einzigartigen Parfüms vom Gärtnerplatz

Filigran bemalte Flakons, von Hand gestempelte Etiketten, Unikate in Flaschen – das sind die Leidenschaften der Münchnerin *Eva Bogner*. Wer in ihre kleine Nischenparfümerie am Gärtnerplatz tritt, wird umfangen von warmer Vanille, herbem Pfeffer, rassigem Weihrauch und grünem Citrus.

Mit Liebe zum Detail und geradliniger Reduktion hat die Münchnerin ein wahres Duftparadies geschaffen. Sie führt keine großen Marken, sondern knapp 200 seltene Kreationen aus aller Welt. Die meisten von ihnen gibt es deutschlandweit nur hier. Manche, wie das äußerst seltene »06130« aus dem französischem Grasse, darf sie als einer von nur drei Händlern weltweit verkaufen. Denn die weltbesten Parfümeure geben ihre Kunst in Fläschchen nicht jedem – Eva Bogner aber vertrauen sie. Einmalig, einzigartig und ganz schön aufregend ist deshalb der erste Besuch bei ihr. Jeder einzelne Flacon steht für eine besondere Geschichte – welche passt zu dir und deiner Haut? ==Eine besondere Duft-Reihe ist die der Marke »Sous le manteau«: Die Kompositionen basieren auf Liebesrezepten aus dem 19. Jh.==

Dass der Duft unser Gegenüber weit mehr beeinflusst, als wir glauben – binnen Sekunden! –, vergessen wir zu gern. »Düfte sind eine Geheimwaffe«, sagt sie. Um deine zu finden, wird geredet. Was magst du, was nicht? Ein bisschen Feingefühl, viel Kreativität und eine Tasse Kaffee später wird geschnuppert. Fünf ihrer Phiolen muss Eva Bogner meist nur öffnen – dann steht die Lizenz zum Duften fest.

← Minimalistisch-stylish präsentiert Eva Bogner ihre erlesenen Düfte

INSIDER-TIPP
Der Duft der Liebe

 Parfums Uniques • Klenzestr. 22, 80469 München/ Gärtnerplatzviertel • parfums-uniques.de

Kunst to go Die Artothek verleiht echte Gemälde für daheim

→ Du wolltest schon immer mal einen echten Beuys zu Hause haben? Die Artothek macht Träume wahr

Aussuchen, aufhängen, bewundern: Einfacher als in der *Artothek* hinterm Jakobsplatz kann Kunst nicht sein. Die Galerie verleiht Bilder von lokalen Künstlern für die eigenen vier Wände. Ähnlich wie eine Bibliothek Bücher ausgibt, kannst du dir in den Ausstellungsräumen Gemälde, Skulpturen und Fotografien aussuchen. Das Ganze kostet so viel wie ein großer Cappuccino im Szene-Café: Für drei Euro im Monat ist die Kunst sogar versichert. Den Machern der Artothek, die vom Kulturreferat der Stadt finanziert wird, geht es weniger um große Namen als vielmehr darum, Kunst erlebbar zu machen – und das für jedes Budget. Statt auf Massenplakate oder Billigdrucke wie im Möbelhaus setzt sie auf Aquarelle, Reliefs, Skizzen, Fotografien und viel abstrakte Kunst. Seit 1986 gibt es die Artothek, doch den wenigsten Münchnern ist sie ein Begriff. Die hiesige Sammlung ist inzwischen auf über 1500 Werke angewachsen und zählt damit zu den umfangreichsten Verleihgalerien Deutschlands. Und um doch einen großen Namen zu nennen: Ein Joseph Beuys ist auch darunter.

Die Artothek will die Hemmschwelle senken, veranstaltet Ausstellungen, Kunstgespräche und Meet-and-greets mit den Künstlern. Das ist besonders toll für Menschen, die erst frisch in die Szene eintauchen möchten. Zwischen vier Wochen und einem Jahr lang kannst du die Bilder mit nach Hause nehmen. Gefällt dir das Bild so gut, dass du es doch kaufen möchtest, vermittelt die Artothek dir den direkten Kontakt zum Künstler.

 Artothek • Rosental 16, 80331 München/Altstadt • muenchen.de/artothek

Wie in Paris Durch die schönsten Flohmärkte stöbern

Von Stand zu Stand trödeln: Kaum irgendwo geht das besser als auf dem *Flohmarkt am Bahnwärter Thiel*. 20 Verkäufer dürfen ihre Vintage-Objekte zwischen alten Zügen und Seefracht-Containern verkaufen. Jedes Objekt hat eine Geschichte: Mäntel, Taschen, Truhen, Kleinmöbel und Vinyl-Platten, die Sammlerherzen höher schlagen lassen. ==Die Plattenverkäufer legen ihre Vinyl-Alben direkt vor Ort auf und beschallen den ganzen Markt. Hörst du ein tolles Lied, kannst du die Platte sofort erstehen.==

Da der Bahnwärter sonst für seine Partys bekannt ist, erklingt die Musik glockenklar über das feine Disko-Soundsystem. Familiär und gemütlich will der Markt bleiben, der in der Regel an einem Samstag stattfindet. Hier kannst du bummeln, staunen, verharren, handeln und absahnen – das gilt auch für Langschläfer: Der Markt beginnt erst um 12 Uhr. Selbst wenn die Tüten voll sind, bleibt man gern noch auf einen Drink. Immerhin könnte ja noch mal ein neues Lieblingslied ertönen …

Um Lieblinge geht es auch beim *Lisar Markt*: direkt an den Ufern der Isar verkaufen Privatleute und Händler ausschließlich Bücher. Auf des Münchners liebstes Accessoire, das Fahrrad, hat sich der *Radlmarkt* der Stadt fokussiert. Auch E-Bikes findest du unter den rund 1800 Stücken, die immer im April ihren Besitzer wechseln.

INSIDER-TIPP
Kaufen wie gehört

→ Vintage-Glück auf dem Flohmarkt am Bahnwärter Thiel

→ Auf dem Radlmarkt findest du bestimmt dein Lieblingsbike

10 Krims & Krams Flohmarkt am Bahnwärter Thiel • Tumblingerstr. 29, 80337 München-Schlachthofviertel • krimsundkrams.com

11 Lisar Bücherflohmarkt • Fußgängerpromenade an der Widenmayerstr. 2, 80538 München-Lehel • buecherflohmarkt-lisar.com

12 Radlmarkt der Stadt im Zenith • Lilienthalallee 29, 80939 München-Freimann • muenchenunterwegs.de

Die kreativen Orte

Nur Mord und Totschlag Krimi im Blutenburg-Theater

Eine Leiche. Ein Messer. Ein Mord. Jeden Abend dasselbe Dilemma. Auf keiner Bühne in Deutschland wird mehr gestorben als im *Blutenburg-Theater*. 200 Menschen finden hier jedes Jahr den Tod, wenn nicht mehr. Immer sterben sie hinterrücks, immer ist der Tod unausweichlich. Immer gibt es dafür reichlich Applaus. Denn es geht richtig ran ans Morden, sobald sich der Vorhang hebt. Die privat geführte Bühne ist eines der letzten Kriminaltheater Deutschlands – und war bei der Gründung vor über 35 Jahren das erste seiner Art. Ob Sherlock Holmes, »Mitternachtsspitzen«, ob »Arsen und Spitzenhäubchen« oder »Psycho«: Auf den Brettern werden nur unnatürliche Tode gestorben. Und zwar solche, die den Herzschlag der Zuschauer in die Höhe treiben. Darunter sind Klassiker von Arthur Conan Doyle, Agatha Christie und Edgar Wallace, aber auch bayerisch adaptierte Krimikomödien wie »Bonnie und Clyde«.

Seit 1984 führt die Schauspielerin Anne-Beate Engelke das Theater, das sie einst mit ihrem Mann René Siegel-Sorell in einem stillgelegten Kino gründete. Bis heute ist der verstaubte Charme erhalten und macht das Flair des Blutenburg-Theaters aus. Auf den 95 alten Sesseln sitzt man wie im Wohnzimmer, nur dass es auf der Bühne eben live knallt, röchelt und den letzten Schnaufer tut. Nervenkitzel ist auf den Rängen im Saal garantiert. Auch in der Pause bleibt die Spannung erhalten: Die kleine Theaterbar verkauft frisch gemixte Cocktails unter dem Motto »Trinks oder stirb«. Nur … was macht die Flasche mit dem Etikett »Arsen« auf dem Tresen?

← Spannung pur im Blutenburg-Theater, dem ersten Krimi-Theater Deutschlands

 Kriminalbühne Blutenburg-Theater • Blutenburgstr. 35, 80636 München • blutenburg-theater.de

Im Untergrund Die Designerlampen von Ingo Maurer

Ein Stück New York hängt mitten im sonst weniger hippen Moosach. Und dann auch noch unter Tage! Elf Lampen in Rot, Blau und Gelb ziehen sich über die Decke der *U-Bahn-Station Westfriedhof*. Entworfen und geschaffen hat sie der weltbekannte Lichtkünstler Ingo Maurer. 1998 gestaltete er den Bahnsteig um. »Schlechtes Licht macht unglücklich«, sagte der Lichtpoet einst, der seit den 1970er-Jahren in Schwabing lebte, wo noch heute sein Atelier liegt. ==Im Showroom des Künstlers in der Kaiserstraße 47 kannst du einen Blick auf sein Gesamtwerk werfen.==

Ingo Maurers Kunst findest du in den renommiertesten Museen der Welt, im MoMA New York, im Stedelijk Amsterdam oder im Vitra Design Museum in Weil. Bekannt wurde er mit der übergroßen Glühbirne Bulb sowie durch die geflügelte Glühlampe Lucellino. Sein populärstes Werk ist die Lampe aus Campari-Flaschen. Immer wieder aber zog es den kreativen Kopf in den Untergrund seiner Wahlheimat München. Der *Westfriedhof* war sein erstes Untergrund-Werk: Die überdimensionierten Lampen mit einem Durchmesser von 3,8 m sind innen farbig lackiert und hängen wie Schutzhauben über dem Bahnsteig, tauchen die naturbelassenen Steinwände in ein wohliges Licht. 1999 gestaltete Maurer die Station *Moosfeld* um. 2010 dann illuminierte er die Säulen am Bahnsteig an der *Münchner Freiheit* mit LED-Strahlern.

INSIDER-TIPP Blick ins Lichtkünstler-Atelier

→ Installationen des Lichtkünstlers Ingo Maurer an Münchner U-Bahn-Stationen

14 U-Bahnhof Westfriedhof • Baldurstr., Ecke Orpheusstr., 80992 München • ingo-maurer.com

15 U-Bahnhof Münchner Freiheit • Feilitzschstr., Ecke Leopoldstr. • 80802 München-Schwabing

16 U-Bahnhof Moosfeld • Salzmesserstr., 81829 München-Berg am Laim

Bayerischer Fingerzeig In Fürstenfeldbruck der Bavaria die Hand reichen

Seit 1850 wacht die Bavaria an der Theresienwiese über München. »Die Mama«, gestaltet nach dem Entwurf des Bildhauers Ludwig von Schwanthaler, gibt Schutz und Segen. Doch irgendwie ist die kolossale Bronzestatue auch immer ein wenig entrückt. Im Kopf der Bavaria befindet sich ein Aussichtspunkt. Hinauf führt eine schmale Treppe – super Blick zur Wiesnzeit!

INSIDER-TIPP
Rundblick mit »Mamas« Augen

Ein Stück anfassen von ihr kannst du in Fürstenfeldbruck. In der Hauptstraße steht ihr *kleiner Finger* auf einer Säule. Drei Maß Bier würden hineinpassen, drehte man die Skulptur um – und genau dafür soll der Finger der Legende nach auch vor über 170 Jahren genutzt worden sein: Als Bierkrug bei Treffen des Männergesangsvereins Fürstenfeldbruck. Der Verein bekam sie persönlich geschenkt von Ferdinand von Miller, der damals Leiter der Königlichen Erzgießerei war – und ein gebürtiger Fürstenfeldbrucker. Nachdem es ihm gelungen war, die 15,75 m hohe Bavaria ganz aus Bronze zu gießen und unversehrt auf der Theresienwiese aufzustellen, produzierte er Repliken des kleinen Fingers. Bei der Enthüllung des Kolosses vor der Münchner Ruhmeshalle übergab er König Ludwig I. die Plastik: 30 cm hoch, 7 kg schwer. Und genau diese steht seit 2016 vor Millers Geburtshaus, dem Bramshuber. Eine weitere verwahrt das Münchner Stadtmuseum. Übrigens: *Bronzeplastiken* der Erzgießerfamilie von Miller findest du auch am Alten Rathaus von Fürstenfeldbruck.

← Eine Replik des Fingers der Bavaria kannst du in Fürstenfeldbruck bewundern: gigantisch, gell?

 Finger der Bavaria • Hauptstr. 15, 82256 Fürstenfeldbruck

 Bronzeplatten am Alten Rathaus • Hauptstr. 4, 82256 Fürstenfeldbruck

Die kreativen Orte

Handwerkskunst aus 089 Keramik, Drucke und Shirts von dahoam

Nie war Teatime stilvoller als nach einem Besuch bei der Keramikmeisterin. Die Münchnerin *Annika Schüler* fertigt feines englisches Porzellan in total moderner Optik: Da läuft das Gold über den Rand des Kaffeebechers, in Müslischalen verwirbeln sich Seegras-Töne, Sternzeichen ziehen sich über die Frühstücksteller. Für Taufen, Hochzeiten oder Geburtstage brennt sie gern Namen und Daten ein. So außergewöhnlich wie ihre Kunst ist auch ihr Atelier: eine Garage im Westend – unprätentiös und sehr authentisch.

Kunst in einer der umweltfreundlichsten Arten überhaupt, kreieren *Herr & Frau Rio* alias Sascha Wellm und Laura Sirch. Sie drucken mit der Schablonentechnik der Risografie Karten, Kunstdrucke, Visitenkarten und Bücher. Mehrfach wird auf die Folie aus Hanffaser Farbe auf Sojaöl-Basis aufgetragen, ähnlich wie beim Siebdruckverfahren. Die Plakate und Co. sind stark grafisch gestylt, leben von starken Kontrasten und dem Unperfekten. Vor Weihnachten bietet das Duo Workshops für Postkarten oder Poster an. So legst du ein echtes Unikat unter den Christbaum.

Um eine Message geht es auch dem Münchner Shirt-Label *Womom*: Sie drucken feminine Sprüche wie »Sun's out, tums out« »Mamma mia« oder »Emotions on tour« auf die Oberteile.

← Stylishe Unikate made in Munich findest du bei der Keramikerin Annika Schüler

INSIDER-TIPP
Postkarten selbst gestalten

19 Töpferei Annika Schüler • Guldeinstr. 28, 80339 München-Westend • annikaschueler.de

20 Drucke von Herr & Frau Rio • Häberlstr. 24, 80337 München-Glockenbach • herrundfraurio.de

21 Shirts von Womom bei A Happy Place • Westendstr. 66, 80339 München-Westend • womom.de

After Work-Märchen
Erzähl aus deinem Leben beim Stand-up-Event

Elvira erzählt die Geschichte eines verlorenen Mantels in Wien. Marlisa von einem vermeintlichen Mord nebenan. Und Detlef vom Ochsen, der es bis nach Rom zum Papst schaffte. Es sind kleine, feine Geschichten mit Witz und Pointen, die bei den *After Work Storys* auf die Bühne kommen. Das Konzept: Um sieben Uhr abends werden sieben Geschichten à sieben Minuten erzählt. Zuhören kann jeder – und erzählen prinzipiell auch. ==In der Geschichtenerzählschule von *Die Sprechwerker* lernst du, wie man am besten fabuliert, spannend erzählt und Storys im Kopf behält.==

Die Idee für den Feierabend-Tratsch hat Karin Wedra 2016 aus den Stand-up-Clubs New Yorks mitgebracht. Bei Pommes und Bier gleitet man so an einem Donnerstagabend pro Monat in den Feierabend, weil man sich gedanklich mit etwas ganz anderem beschäftigt als den unbearbeiteten Dingen auf dem Schreibtisch. Im Zelt der Park-Location *Gans am Wasser* kommt vom Schauermärchen E. T. A. Hoffmanns über afrikanische Sagen und bayerische Schwänke alles auf die Bühne, was Spaß macht. Da die Erzähler wechseln, ist jeder Abend anders. Schon nach einer Minute lässt du dich tiefer in die Couch sinken und träumst dich fort zu den Olivenbäumen des Libanons, in den Arbeitsraum des Vatikans oder nur in Nachbars Wohnung. Der Sog, den die Geschichtenerzähler schaffen, ist gewaltig – und mindestens so entspannend wie Wellness nach dem Büro.

INSIDER-TIPP
Märchenerzählerausbildung

→ Atemberaubende Geschichten präsentiert After Work Story im gemütlichen Zelt direkt am Mollsee

 22 After Work Story in der Gans am Wasser • Mollsee im Westpark, 81373 München-Sendling • afterworkstory.de

Der Himmel auf Erden Das zweitgrößte Fresko der Welt

→ Leg doch mal einen Stopp in der Ludwigskirche ein und bestaune das gigantische Fresko von Cornelius

Sie ist eingebettet in die Architektur der Ludwigstraße, und vielleicht läufst du nahezu täglich an ihr vorbei: an der *Ludwigskirche*. Auf dem Weg zur Uni, zum Englischen Garten, in die Innenstadt und doch: drin war kaum einer. Dabei verwahrt das von Friedrich von Gärtner erbaute Gotteshaus eines der größten *Fresken* der Welt, genau genommen: das Zweitgrößte. 18,3 mal 11,3 m groß ist es und zieht sich auf über 200 m² die Kirchenwand entlang. Peter von Cornelius begann 1836 das Altarfresko, das sich in leuchtenden Blau- und Terratönen erhebt, mit Jesus Christus im Zentrum. Vier Jahre lang werkelte Cornelius nahezu ausschließlich an dem Gemälde, das in seiner Größe nur von Michelangelos Werk in der Sixtinischen Kapelle übertrumpft wird. Inspiration holte sich der deutsche Maler in Rom, die Skizze dieser Reise verwahrt das Städel-Museum in Frankfurt.

Die Bibel war die Antriebsfeder für Cornelius, der keine ordentliche Schulbildung hatte, sich stets mit dem Schreiben schwertat. Doch beim Malen übertraf er viele seiner Zeit, galt als Goethe der Kunst, schmückte u. a. die Pinakothek von innen. Das Weltgericht kostete ihn Kraft und Nerven – und die Gunst von Bayerns König Ludwig I. Als Cornelius den König einlud, sein kolossales »Jüngstes Gericht« in Augenschein zu nehmen, nahm dieser sich den Architekten Friedrich von Gärtner zur Seite und schritt mit ihm durch die Kirche. Cornelius, so will es die Erzählung, wurde vom Türsteher zurückgewiesen. Ein Fauxpas! Gekränkt verließ von Cornelius München. Das Fresko aber blieb bis heute in der Universitätskirche.

 Fresko in der Ludwigskirche • Ludwigstr. 22, 80539 München-Maxvorstadt • st-ludwig-muenchen.de

Die kreativen Orte

Jugend forscht
Wo man jungen Münchnern eine Bühne gibt

Das Chaos sei willkommen, die Ordnung hat versagt: Der bekannte Spruch von Karl Kraus ist so etwas wie das Leitmotto des *Köşk*, des jüngsten Offspace der Stadt. Junge Erwachsene bestücken seit 2015 mit Künstlern Ausstellungen, geben Vernissagen und leben ihre Kreativität voll aus. Heraus kommt Erstaunliches von Band-Abenden bis zu Konzeptkunst, von wilden Workshops bis hin zu Sprayer-Werken. Ein offener Raum will das Köşk sein – was übrigens Türkisch für »Kiosk«, aber auch für »Prunkbau« ist und damit die Sache ziemlich genau trifft: Es ist eine Bühne für alle, für Neulinge und Profis.

Auf rund 200 m² finden jeden Monat bis zu drei Ausstellungen statt, die die Nachwuchskünstler zwischen 18 und 28 Jahren selbst initiieren. Experten unterstützen dort, wo es nötig ist: Beim Schreiben des Pressetexts, bei der Organisation, wenn die Ideen sich nicht so verwirklichen lassen wie geplant. Willkommen ist alles – und jeder. Die Ausstellungen sind daher so unvorhersehbar, vielfältig und bunt, wie es die Stadt selbst ist. Es gibt Lichtinstallationen, Fotokollagen, Plastelinmodelle, Graffiti-Ecken oder Keramikwaren, die in den Werkstätten der »Färbei« gefertigt werden. Das Projekt des Kreisjugendrings ist auch Initiator des Köşk. Sogar das Scheitern ist erlaubt – dann denken alle mit, wie man aus dem Projekt doch noch etwas basteln kann. Wer als Besucher herkommt, wird immer überrascht sein und die Räume mit neuen Ansichten und Einsichten verlassen.

← Gerade erwachsen, kreativ, mit Träumen: Im Köşk realisieren junge Münchner ihre künstlerischen Inspirationen

Köşk • Schrenkstr. 8, 80339 München-Westend • koesk-muenchen.de

Neue Saiten aufziehen Im MakerSpace baust du deine eigene E-Gitarre

Ein bisschen mutet der erste Moment wie beim schwedischen Möbelhaus an: Gut 50 Schrauben, Drähte, Kabel und Metallelemente liegen auf dem Tisch. Und eine etwa 30 mal 40 cm große Platte aus feinem Ahorn. Daraus soll mal eine E-Gitarre werden. Und zwar genau die, die du dir immer erträumt hast. Im *MakerSpace* fräst du an einem Wochenende unter dem Motto »Let's build 'n' Rock 'n' Roll« dein Unikat aus Holz. Do it yourself! Ob aus Kirsche, Ahorn oder Mahagoni, ob naturbelassen, lackiert oder mit Furnier versehen, ob schlicht mit deinen Initialen am Rumpf oder deinem Lebensmotto eingraviert – der Fantasie sind wenig Grenzen gesetzt. Verewige deine liebste Liedzeile auf dem Rumpf. Mit dem Lasercutter im MakerSpace schreibst du auf den Millimeter genau in dein Unikat. Am besten buchst du einen extra Kurs dafür.

← **Die Profis von MakerSpace stehen dir mit ihrer vollen Power zur Seite, wenn du deine erste eigene E-Gitarre sägst**

INSIDER-TIPP
Unikat per Lasercutter

Doch zuerst lässt du die Maschine für dich arbeiten. Auf Knopfdruck schneidet der Fräser sowohl den Rumpf als auch den Hals aus dem Holz. Anschließend legst du Hand an: Der Korpus wird geschmirgelt, die Elektronik-Komponenten werden in den Körper gelötet. Nun musst du noch die Bünde einklopfen und die Stimmwirbel am Kopf einsetzen. Dann geht's zur Hochzeit: So heißt es, wenn Korpus und Hals miteinander verschraubt werden. Anschließend kannst du endlich neue Saiten auf dein Unikat aufziehen. Die Jungs vom MakerSpace sind Profis und helfen dir Schritt für Schritt durch die Technik. Mit etwas Geduld kannst also auch du zu einem Guitar Hero werden.

 E-Gitarren-Workshop am MakerSpace • Lichtenbergstr. 6, 85748 Garching • maker-space.de

Kunst und Cocktail
Tauche bei »Let's talk about Art« ins Museum Brandhorst ein

→ Schon von Weitem schillert dir die bunte Fassade des Brandhorst entgegen

Vor der Bar ist im Museum: Bei den Feierabend-Führungen durch das *Museum Brandhorst* rückt jeden Monat ein Bild in den Fokus der Besucher. In gut einer halben Stunde erzählt ein Kunsthistoriker, Kreativer oder Kenner, was es mit dem Bild auf sich hat. Danach geht es weiter an die Bar – um bei einem Cocktail ungezwungen weiter über die Kunst zu reden. Du brauchst weder besonderes Kunst-Know-how noch historisches Wissen. Alles, was an diesem Abend zählt, sind deine persönlichen Eindrücke zu dem Bild. Auf jeden wirkt es anders, weckt Erinnerungen, Sehnsüchte oder Assoziationen. Jede Meinung ist willkommen – und jede zählt.

Das *Brandhorst* ist vielleicht eines der spannendsten Museen der Stadt überhaupt. Kern ist die private Sammlung von Anette und Udo Brandhorst, die 2009 in dem modernen Kunstbau eröffnet wurde. 1200 Werke, u. a. von Alex Katz, Cy Twombly oder Gerhard Richter hängen hier, daneben die größte Sammlung von Werken Andy Warhols in Europa. Doch nicht nur die Kunst kam hier ins Museum, nein, das Museum wurde auch für die Kunst gebaut: Besonders schön siehst du das in dem halbrunden Raum im ersten Stock, in dem der Lepanto-Zyklus von Cy Twombly hängt. Der Saal mit vielen Kanten, aber nur zwei echten Ecken wurde auf Wunsch des Künstlers genau in dieser Form gebaut. In ihm wirkt die Seeschlacht, gemalt 2001, bedrückend und doch leicht, beängstigend und doch bunt. Oder wie man bei »Let's talk about Art« sagen würde: »Wie empfindest du es hier so?«

 Museum Brandhorst • Theresienstr. 35a, 80333 München-Maxvorstadt • museum-brandhorst.de

Und: Action! In Straßenschluchten, im Park, auf dem Seil, an der Ballettstange. Ob kleine Mutprobe, sportliche Spitzenleistung oder einfach mal aufs Spaßpedal treten: Tob dich aus, sei wild, und zeig, was in dir steckt!

Die wilde Seite

Gas geben und Spaß haben von sportlich bis mutig

Fit wie ein Hendl
Auf zum Lederhosentraining im Englischen Garten

→ Such dir einen Platz, und los geht das Lederhosentraining!

Feste Wadln, Arme, die Maßkrüge stemmen können, und Popos, die in Tracht gut aussehen: Die Münchner sind ja bekannt für ihre feschen Madln und kernigen Buam. Doch von nix kommt nix. Und so wird jeden Montagabend zwischen 19 und 20 Uhr im Englischen Garten beim kostenlosen *Lederhosentraining* geschwitzt. Frei nach dem Motto: Die nächste Wiesn kommt bestimmt.

Bis zu 800 Münchner besuchen regelmäßig das große Outdoor-Event von Klaus Reithmeier nahe dem Haus der Kunst. Seit 2011 bietet der Fitnesstrainer das Ganzkörper-Workout an – er selbst trainiert stilecht in Shirt und Krachlederner, die Teilnehmer dürfen aber auch in Sporthosen kommen. Doch: Wer eine Gaudi haben will, schlüpft in seine Tracht, daran halten sich vor allem witzige Mädels-Gruppen. Die Übungen sind schlicht, effektiv und haben lustige Namen: Beim »Bierbank-Stand« etwa werden Po und Oberschenkel gekräftigt, bei der bayerischen »Brezen-Drehung« wird das Gleichgewicht trainiert. »Hendl, heb dich« sorgt für die gute Dirndl-Figur dank besserer Muskeln an Gesäß und Oberschenkeln und beim imaginären »Maßkrug-Stemmen« werden mehr die Schultern als die Arme trainiert – so hebt nämlich auch die Wiesnbedienung die zehn gefüllten Steinkrüge.

Mitmachen kann jeder, vom Anfänger bis zum Kraftprotz. Wer zum ersten Mal da ist, macht einfach ein paar Wiederholungen weniger, wer schon ein geübter Turn-Münchner ist, zieht die Liegestützen kantig durch. In die Saison startet das Training immer im April und geht dann bis September. O'schwitzt is!

 Lederhosentraining • Nackertenwiese am Japanischen Teehaus • lederhosentraining.com

Die wilde Seite

95

Die wilde Seite

Kicken mit Höhenluft
Der Bolzplatz im 6. Stock des Bellevue di Monaco

Wer hier kickt, hat schon gewonnen. Nämlich eine tolle Aussicht. Auf dem Bellevue di Monaco gibt es seit Oktober 2020 den höchsten *Bolzplatz* der Stadt. Vom sechsten Stock blickt man direkt auf die Frauenkirche, das Rathaus und die Blumen rund um den Gärtnerplatz. Mit mehr München-Flair kickt man nirgends in der Stadt. Dabei ist der Bolzplatz auch ein Zeichen: Er thront auf einer der spannendsten Sozialeinrichtungen der Stadt, zeigt, dass Integration wirklich funktionieren kann. 2015 gründete sich ein Aktionsbündnis um Kleinkunst-Guru Till Hofmann, das alte Haus an der Müllerstraße zu wahren. Es sollte abgerissen werden, doch Hofmann sanierte es mit Fußballern wie Mehmet Scholl, der Kabarettistin Luise Kinseher und der Band Sportfreunde Stiller. Hunderte Freiwillige haben seitdem das Bellevue zu einem Wohnhaus renoviert, in dem 40 Flüchtlinge leben. Eine wilde Sache – mit gutem Ende. Die Flüchtlinge kochen unten im Restaurant, es gibt Rechtsberatung, Sprachkurse und Workshops. Und jetzt eben auch den Sport, der Menschen wie nichts anderes über Hautfarben, Nationalitäten und Herkunft hinweg zusammenbringt: Fußball. Organisiert wird der Platz von der Straßenfußball-Liga »Bunt kickt gut«. Online kann jeder den Platz stundenweise buchen – kostenlos. Ein Netz sorgt dafür, dass kein Ball nach unten auf die Straße fliegt, und Freiwillige für ein Spiel findet man im Café im Erdgeschoss auch immer.

← Einen Ort zum Kicken mit besserer Aussicht als das Dach des Bellevue di Monaco findest du in München nicht

← Das Café unten im Haus wird zusammen mit Geflüchteten betrieben

 Bolzplatz auf dem Dach des Bellevue di Monaco • Müllerstr. 6, 80469 München-Gärtnerplatzviertel • bellevuedimonaco.de

Das härteste Workout der Stadt
Schwitzen an der Ballettstange

Nix mit Tutu, nix mit Spitzenschuh! Diese Ballettstange ist zum Schwitzen da und nicht zum Tanzen. Denn in Münchens erstem *Barre-Studio* verausgabst du dich total. Das Training an der Ballettstange wurde zwar ursprünglich für Tänzer entwickelt, doch kombiniert es Elemente aus dem Pilates, Yoga und Rumpftraining. In 60 Minuten werden im *Studio.12* alle deine Muskeln getriezt, bis sie zittern – und du süchtig nach dem Gefühl wirst, das dein Körper dir gibt.

← Im altehrwürdigen Studio.12 kommst du an der Ballettstange ins Schwitzen!

2014 holten Anja Riesenberg und Tanja Krodel das Workout von Manhattan nach München-Bogenhausen. Trainiert wird in einem klassizistischen Jugendstilbau von 1911 mit Eichenholzparkett, stuckverzierten Decken und Kassettentüren. In Kleingruppen sporteln maximal zehn Leute inmitten heller Spiegelsäle. Und dann ist da noch die Ballettstange, die sogenannte *barre*. Sie ist das Kernstück für alle Übungen, an ihr ziehst du, drehst du, legst dein Bein ab. Ob Po, Bauch, Beine, Rücken, Arme, selbst die Fußmuskeln werden gestärkt. Vor allem Schreibtischtäter erfahren ihren Körper neu: Die Hüfte sowie der Oberkörper werden intensiv gefordert und gedehnt. Doch nur mit Kraft allein kommst du nicht weiter. Jede Muskelpartie wird außerdem intensiv gestretcht, sodass der Körper geschmeidig bleibt. Wie sehr das Training auf deinen Körper wirkt, merkst du mindestens zwei Tage lang am Muskelkater. Doch: Durchhalten! Nach vier Stunden geht's leichter, du gehst aufrechter, und die Muskeln wirken definierter.

INSIDER-TIPP Günstig zum Sixpack

Mit der Zwölferkarte trainierst du für 18 Euro pro Stunde deutlich günstiger (sonst kostet eine Stunde 28 Euro).

Barre im Studio.12 • Possartstr. 12, 81679 München-Bogenhausen • studio12-munich.com

Bayerisch Monaco
Mit der kultigen Vespa um den Starnberger See

→ Hier kommt Italien-Feeling in Bayern auf

Dieses Knattern, der helle Ledersitz und die kleinen Rückspiegel – jeglicher Widerstand ist zwecklos, in die Vespa Primavera muss man sich einfach verlieben. So ging es auch Marius Bellmann, als er seinen Moped-Verleih *Vespressi* gleich am Bahnhof des Nobelorts Starnberg eröffnete. Schneeweiß und wunderschön nostalgisch stehen die 15 Vespas heute in Reih und Glied, scheinen nur darauf zu warten, dass du eine rasante Spitztour mit ihnen unternimmst. Mit 50 Sachen geben die kleinen Liebhaberstücke ganz schön Stoff auf den Uferstraßen. In vier Stunden kommst du einmal um den Starnberger See, passierst auf 49 km Berg, Münsing, Bernried, Tutzing sowie das beschauliche Possenhofen, bevor du wieder in Starnberg ankommst.

Wer mag, fährt die zwölf Hotspots des Sees ab, zu denen Badeplätze, das Schloss Possenhofen, der Beachclub in St. Heinrich oder auch der Aussichtsbalkon von Schloss Berg gehören.

INSIDER-TIPP
Auszeit auf der Insel

==Mit dem Fährboot kannst du in wenigen Minuten auf die Roseninsel übersetzen, wo sich einst König Ludwig und Kaiserin Sisi zu Spaziergängen trafen.==

Auf dem Weg gen Süden strahlt an klaren Tagen wunderbar die Alpenkette vor dir, auf dem Weg gen Norden kommst du an Villen mit Fassaden zwischen moderner Architektur und aus der Zeit gefallenem Retro-Charme vorbei. Besonders schön wird es abends, wenn viele Tagesausflügler weg sind. Das 24-Stunden-Paket kostet 65 Euro, für vier Stunden Schnuppertour zahlst du 45 Euro. Sowohl Helm als auch Benzin sind inklusive.

 Vespressi • Kaiser-Wilhelm-Str. 2, 82319 Starnberg • vespressi.de

Die wilde Seite

Mein München, mein Broadway Beim Vintage Dance wird die Stadt zur Bühne

→ Bühne frei für Charleston, Burlesque und Co. im Vintage Dance Studio!

Die Goldenen Zwanziger leben. Mit Flaps, Brushbacks, Pick-ups, Shim Shams und jeder Menge Körpereinsatz. Von den Fingerspitzen bis zur Ferse, von den Schultern bis zum Knie ist deine Muskulatur im Takt. Im Vintage-Tanzstudio von Silvia Plankl lernst du Stepptanz, Charleston oder auch das in Amerika so hippe »Burlesque-Dancing« – alles Tänze, die vor 100 Jahren im Jazz-Zeitalter boomten und heute gefragter sind denn je. Die Trainerinnen Tess Noblesse, Dixie Dynamite, Trixie Trouble und Topsy Curvy bringen dir in vier bis zehn Wochen bei, wie du rollst, wiegst, schiebst oder eben shuffelst, zu »Puttin' on the Ritz«, »Ain't she sweet« oder »Singing in the rain«. Die Choreografien werden in den Kompaktkursen jedes Mal ein bisschen weitergetrieben, genauso wie dein Körper. Sei Katze, Elfe, Vamp. Mit Tempo und ordentlich Swing-Jazz geht es zu einem neuen Körpergefühl. Egal, ob du beim Charleston wild die Arme schwingst, beim Steppen mit lässigem Schütteln die Schuhe klackern lässt oder beim Burlesque verführerisch die Hüften rotierst – ein bisschen Fred Astaire und Josephine Baker steckt in uns allen. Durch die knackig-kurzen Kursangebote des *Vintage Dance Studio* kannst du verschiedene Tanzstile ausprobieren und so schauen, was dir am meisten Spaß macht, in welche Rolle du am liebsten schlüpfst. Denn die Retro-Tänze sind auch ein Spiel mit deiner Persönlichkeit, deinem Körper und deinen Facetten. Nur Mut also: Mach München zu deinem Broadway! Oder wie ein Jazz-Girl sagen würde: »Anything goes.«

5 Vintage Dance Studio • Maillingerstr. 6, 80636 München • vintagedancestudio.de

Die wilde Seite

Die wilde Seite

Walk the Line
Lerne Slacklinen im Herzen der Stadt

Reiche einem echten Weltmeister die Hand: Bei den *Slackline-Kursen im Luitpoldpark* machst du die ersten Schritte auf der Leine mithilfe von Lukas Irmler. Der Freisinger hält zahlreiche Weltrekorde. Die höchste Line der Welt ist er gelaufen (auf fast 6000 m), die längste (über 2000 m), aber auch die Münchnerischste: Über die Isar am Friedensengel tingelt er regelmäßig in knapp 15 m Höhe und hält auch mal einen Ratsch mit den Passanten auf der Brücke. Lukas Irmler sagt: »Slacklinen kann jeder lernen.« Schon nach drei Stunden überquerst du die ersten 3–4 m – allerdings in Kniehöhe. So steigt man sanfter ab … Der Nervenkitzel ist trotzdem ordentlich, wenn du das erste Mal auf dem schmalen Band balancieren sollst. Gut, dass Lukas dir die Hand reicht und sagt: »Nicht auf die Füße schauen!« Gar nicht so leicht, tritt man doch vermeintlich ins Nichts. Doch dein Körper weiß genau, was er tut. Dein Gleichgewichtssinn ist stark – vor allem, wenn du den Kopf mit der Angst ausschaltest. Höchste Konzentration, gute Körperspannung und eine Portion Mut lassen dich schnell zum »Seiltänzer« werden. Irgendwann kommst du in den Flow, vergisst alles um dich. Geübt wird zuerst im Luitpoldpark zwischen alten Bäumen, Baumschutzmatte inklusive. Dann kannst du dich stufenweise in die Länge und nach oben tasten – oder übers Wasser. Für Fortgeschrittene gibt der Weltmeister auch Highline-Kurse über die Isar und den Eisbach, bei denen es auch ums professionelle Sichern geht. Denn auch Fallen will gelernt sein!

← Konzentration, eine Prise Mut und Balance ist beim Slackline-Workshop im Luitpoldpark nötig

 Slackline-Workshop mit Lukas Irmler • Luitpoldpark, 80804 München • lukasirmler.com

Fang den goldenen Schnatz Wetteifere beim Quidditch wie Harry Potter

→ **Die Spieler versuchen Tore zu erzielen, indem sie den Quaffel durch einen der drei Ringe – bewacht von einem Hüter – werfen**

INSIDER-TIPP
Mini-Zauberer willkommen

»**Quidditch« heißt der Mannschaftssport,** den in der Fantasiewelt von Hogwarts die Nachwuchszauberer als eine Art Handball oder Rugby spielen. In München wird er mit Stecken statt Besen, mit Tennissocken statt geflügelten Kugeln ausgetragen.

Als lokales Team haben sich die »Münchner Wolpertinger« 2015 formiert und den Trend übernommen, der 2008 in den USA geboren wurde. Junge Erwachsene, Potter-Fans, vor allem Sportler, die Abwechslung suchen, trainieren jeden Donnerstag und Sonntag in Moosach. Und zwar hart. Denn beim *Quidditch* ist multidimensionales Denken wichtig: Nur eine Hand kann werfen, fangen, den Gegner tackeln, die andere hält die PVC-Stange, die den Besen ersetzt. Die Spieler auf dem Platz versuchen den »Quaffel« (hier ein Volleyball) durch einen der Ringe zu werfen. Jedes Team hat zwei Treiber, die Gegner mit »Klatschern« (Völkerbälle) ausknocken können. Dann ist da noch der Schnatz: Wer ihn erwischt, macht satte Punkte und beendet das Spiel. Im Roman kann der kleine Ball fliegen, in der Realität läuft ein unparteiischer Spieler mit einem Tennisball in einer Socke über den Platz und versucht, allen zu entwischen. Viel Geschrei und, ja, auch Zauberflüche gellen über die Tribüne. Zur Probestunde kann jeder vorbeikommen und schauen, wie viel Zaubersport-Potenzial in ihm steckt.

Beim »Kidditch« treten Schüler zwischen 6 und 14 Jahren in Harry Potters Königsdisziplin an. Neben einer deutschen Liga wird sogar ein Europa-Cup im Quidditch ausgetragen. Die Wolpertinger spielen dabei immer vorn mit.

 Quidditch-Training beim Post-Sportverein München • Franz-Mader-Str. 11, 80992 München • psv-muenchen.de

Die wilde Seite

Herzrasen im Dunkeln Trainiere beim Disko-Cycling über deine Grenzen hinaus

→ Dunkel, laut und intensiv – das ist das Cycling-Training mit Clubatmosphäre im Black Bike

Der Beat bumpert. Dein Herz klopft, der Schweiß rinnt, die Muskeln brennen und doch: Es geht noch mehr. Beim Cycling-Training auf dem Black Bike wird gepowert, als ob es kein Morgen gäbe. Genau darum geht es: An diesem Abend dich und deinen Körper zu feiern. Bei feinsten House-, Electro- und Technosounds wird in die Pedale getreten, wird alles gegeben. Anders als beim normalen Spinning-Training fährst du dabei in einem abgedunkelten Raum, der mehr Disko als Studio ist. Im Schwarzlicht leuchten nur die Handtücher, und die Motivatoren, wie die Trainer hier heißen, heizen dir mit flotten Sprüchen ein. Du kannst auch nur eine Stunde buchen, es gibt keine feste Vertragslaufzeit. Zu Kursbeginn heißt es: Licht aus, Spots on. Die Disko-Atmosphäre motiviert und lässt dich auf Touren kommen. Die Trainer spielen mit der Herzfrequenz in einer Art Intervalltraining: Mal geht es schnell dahin, dann wieder werden deine Muskeln mithilfe von Hanteln oder dem eigenen Körpergewicht ans Limit gebracht. Wenn du denkst, es geht nicht mehr, zieht dich die laute Musik weiter, immer weiter: Der Takt lässt dich strampeln und strampeln, alle Sorgen hast du an der Rezeption von *Black Bike* abgegeben. Die Erfinder nennen das »gesundes Feiern«. Und tatsächlich brauchst du keine Droge außer dich selbst. Es gibt nur dein Bike und die Beats. Nach 45 Minuten ist dein Körper high von natürlichen Endorphinen – mehr als wenn du eine Nacht die Tanzfläche gerockt hättest.

 Black Bike • Leopoldstr. 156, 80804 München-Schwabing • blackbike.club

Heiß auf Eis Die schönsten Plätze zum Schlittschuhlaufen

→ **Rauf auf die Kufen und ab zum Pirouetten-Drehen!**

Lass die Funken fliegen und jage auf Kufen dahin. Münchens Seen, Kanäle und Sportzentren haben im Winter eine Menge Eisflächen, auf denen du so richtig Gas geben kannst. Am meisten Dampf auf die Kufen bekommst du auf der 400 m langen Eisschnelllaufbahn des *Eissportzentrums Ost*. Die Eisfläche ist von Bäumen des Ostparks schön umrahmt, sodass es sich anfühlt, als seist du auf einem See. Abends erleuchtet Flutlicht dir deinen Weg. Das richtige Equipment gibt es vor Ort zu leihen. Und wer eine Pause braucht, macht es sich einfach mit einem Kakao oder Glühwein vom Kiosk auf der Zuschauertribüne bequem.

Glühweinstände tummeln sich auch am *Nymphenburger Schlosskanal*. Da er eine geringe Tiefe hat, friert er fast jeden Winter zu, und du kannst dir mit Panoramablick aufs Schloss die Kufen geben. Hoch her geht es vor allem auf dem halben Kilometer zwischen Gerner Brücke und Hubertusstraße. Beim Eisstockschießen kannst du deinen Gegner mit dem richtigen Schwung schön ins Aus hauen. Gegen Gebühr gibt's die Stöcke zum Ausleihen bis 22 Uhr nachts.

INSIDER-TIPP Eiskalter Kick

Kaum bekannt ist der Schlittschuhspaß am *Fasaneriesee*. Die Stadt markiert mit Schildern, ob das Eis hält. Ist es kalt genug, gleitest du auf der Naturfläche dahin, ziehst Kreise und überwindest kleine Schneebuckel. Mehr Winterwonderland geht fast nicht.

9 **Eis- und Funsportzentrum Ost** • Staudingerstr. 17, 81735 München-Ramersdorf • eissportwelt.de

10 **Nymphenburger Schlosskanal** • Südliche Auffahrtsallee 77, 80639 München-Nymphenburg • muenchen.de

11 **Fasaneriesee** • Feldmochinger Straße, 80995 München-Feldmoching • muenchen.de

Tanz dich durchs Leben Bei der Silent Zumba Party unter freiem Himmel

Spüre den Rhythmus! Als das Gruppentraining in geschlossenen Räumen 2020 so gut wie unmöglich war, kamen Ramona und Pio auf eine Idee: eine Zumba-Stunde unter freiem Himmel. Doch in den Parks konnten die Fitnesstrainer die Musik nicht laut genug aufdrehen, ohne Spaziergänger und Bankerlsitzer zu stören. Die Lösung schauten sie sich von Silent Discos ab und kauften 250 Funk-Kopfhörer, die den Latino-Sound seitdem direkt auf die Ohren der Teilnehmer schicken. Was am Anfang mit 20 Leuten begann, wuchs im Nu auf bis zu 70 Tänzer pro Stunde, die

↓ Kopfhörer auf, Musik an, und schon beginnt der Spaß beim *Silent Zumba*

sich jetzt synchron, aber lautlos im Westpark oder Hirschgarten bewegen. Die einfachen Schrittfolgen mit Salsa- und Box-Steps, mit kleinen Sprüngen, Drehungen sowie wiegenden Hüften und kreisenden Schultern sind sowohl für Anfänger als auch für Fitness-Fans geeignet. Nach 15 Minuten Warm-up wird 40 Minuten lang gepowert, was die Beine hergeben. Dazu gibt es Sommer-Feeling mit Salsa-Musik, Cumbia, Reggaeton und Merengue. Der Sound beamt dich in Gedanken in die Beachclubs Lateinamerikas – der Kopf wird frei, sogar mehr als im Studio. Zum Ausdauertraining kommt jede Menge Platz, dazu die frische Luft und die besondere Atmosphäre. Oder hast du schon mal unter Kastanien und zwischen Rosensträuchern deinen Körper zum Beat geschüttelt? Das Training kostet 5 Euro pro Stunde und findet wetterabhängig zwei Mal pro Woche statt. Saison ist zwischen März und Oktober. Organisiert wird die Zumba-Stunde über Facebook, mitbringen musst du nur ein Handtuch und etwas zu trinken.

 Silent Zumba • Am Rosengarten im Westpark, 81373 München • Facebook: zumbainmuenchen

Brummmmmm Mit dem Mini-Car auf großer Tour

→ In den kleinen Flitzern von Hot Rod Fun düst du durch die bayrische Hauptstadt – Rennfeeling pur!

INSIDER-TIPP
Erwecke den Vettel in dir!

Manchmal muss man einfach die Perspektive wechseln. Und sieht die Dinge neu. So funktioniert die Stadttour von *Hot Rod Fun*: In niedrig gelegten Mini-Cars geht es forsch über Münchens Asphalt – und der ist zu jeder Jahreszeit ein heißes Pflaster. Die Rennsemmeln schweben 10 cm über dem Boden und können bis zu 90 km/h schnell rasen.

Los geht's am Werksviertel-Mitte, das seit 2018 aus dem einstigen Pfanni-Gelände einen kreativen Mini-Stadtteil macht. Helm auf und ab in Richtung Innenstadt! Häuserfassaden wirken majestätischer, die Beine der Münchner fester, und überhaupt: War das Siegestor schon immer so riesig? In zwei Stunden siehst und fühlst du deine Heimat aus der Ameisensicht. Am Königsplatz ruckelst du übers Kopfsteinpflaster. In der Innenstadt geht es mit maximal 50 km/h zur Sache. Wer richtig Action möchte, bucht eine Tour Richtung Grünwald. Auf der Höhe von Pullach kannst du das Gaspedal durchtreten.

Auf der Ludwigstraße wuselst du dich durch den Schwabinger Verkehr und übst dich im Winken. Auch das gehört in den auffälligen Seifenkisten dazu: Sehen und vor allem Gesehenwerden, die zum Gruß erhobene Hand inbegriffen. Die Tour führt dich schließlich zu den grünen Seiten der Stadt: Am Nymphenburger Schlosspark schaukeln die Zweige der Kastanien hoch über dir, und den Schwänen begegnest du plötzlich auf Augenhöhe. Unser kleines München ist plötzlich das Größte. Haben wir doch schon immer gewusst …

 Hot Rod Fun am Werksviertel • Speicherstraße, 81671 München-Berg am Laim • hotrod-fun.com/muenchen

Die wilde Seite

Die wilde Seite

Reise in die Vergangenheit Am Keltenspielplatz sind die Wilden los

Mit Schreien und viel Energie strömen sie über den Sand: Die kleinen Kelten Münchens, die im Stadtpark von Erding ganz in ihrer Fantasie aufgehen. Schon von Weitem kannst du den hohen Turm sehen, von dem eine knackig-steile Rutsche hinabführt. In ihr musst du dich ganz schmal machen, und – zisch! – geht's tollkühn in die Steilkurve. Auf dem *Keltenspielplatz Weniadunum* gibt es dazu einen großen Kletter- und Balancierparcours sowie mehrere Mini-Blockhäuschen, in denen es sich herrlich Kelte sein lässt. Wie die Vorfahren lebten und was das mit Bayern zu tun hat, erklären ein paar Info-Tafeln, die euch mit einem Zeitstrahl direkt zurück in die Vergangenheit führen. Zu dem Abenteuerspielplatz gehören auch ein Baumhaus sowie eine Schaukel.

← Vom Turm kannst du dein »Keltendorf« bewachen

Einen rasanten Ritt kannst du auch am Wasserspielplatz des Parks erleben. Neben Pumpen und Kletterburgen gibt es eine lange Rutsche, auf der du richtig Geschwindigkeit unter den Popo bekommst. Danach können schon Kinder ab zwei Jahren in der »Herzogburg Aerding« die Vergangenheit erkunden. Die Ritterburg führt über einen Wassergraben und hat sogar Schießscharten, aus denen sich prima winken lässt. ==Neben der Kletterburg wird mit einer Kurbel Wasser auf die Matschanlage gepumpt. Es fließt kreuz und quer über Holzkanäle in den Sand.==

Weiter geht's zur Pferdekutsche: Auf alten Bierfässern feuerst du die Holzgäule an, die in deinen Gedanken über Erdinger Boden galoppieren. Kurzum: Für wilde Kerle und mutige Mädchen ist hier alles in einem Park versammelt.

 Keltenspielpatz Weniadunum • Im Stadtpark, 85435 Erding • erding.de

Die wilde Seite

Finde die Superhelden Bei der Art Schnitzel jagst du moderne Kunst

Die Jagd ist eröffnet. Doch du musst schnell sein. Dazu clever, kreativ und vertraut mit Münchens Straßen. Nur so wirst du bei der *Art Schnitzel* ein Kunstwerk ergattern. Eine Woche lang verstecken lokale Künstler ihre liebsten Bilder in der Stadt. Da wartet der Siebdruck hinter einem Trafohäuschen. Ein Badgirl kauert an einer alten Telefonzelle. Das kleine Betthupferl-Bild hängt Blau auf Blau an einer Hausnummer. Leicht zu entdecken ist hier: nichts. Doch wer einen Druck findet, dem gehört das Werk von Loomit, Laura Piantoni oder Steve Glas. Die Stadt wird zu einer riesigen Open-Air-Galerie, an der hinter jeder Ecke eine begehrte Trophäe warten könnte. Für dich heißt das: hinschauen, Orte absuchen, die du schon lange nicht mehr bewusst wahrgenommen hast. Die Künstler selbst verstecken ihre Bilder dort, wo sie glauben, dass keiner sie entdeckt. Danach geben sie auf Instagram mit einem kryptischen Foto den Standort preis. Der Ausschnitt einer markanten Backsteinmauer, ein paar Buchstaben eines Straßenschilds, die Ecke einer Sehenswürdigkeit im Hintergrund – mehr braucht es nicht, um den Jagdinstinkt der Münchner zu wecken. Und der frühe Vogel fängt die Kunst: Oft dauert es nicht mal eine Stunde, bis die Bilder »erlegt« sind. Es ist ein Spiel – und von Jahr zu Jahr werden die Gegner härter, schneller, besser. Manche ziehen schon morgens durch die Straßen, nehmen sich von der Arbeit frei oder bilden einen Jagdverbund. Es ist Kick und Spaß zugleich, wenn du eine Leinwand entdeckst, wenn du des »Art Schnitzels« Lösung geknackt hast. Die Finder spenden nach Belieben, das Geld geht an eine soziale Einrichtung.

← **Na, hättest du es entdeckt? Eines von Laura Piantonis Kunstwerken ist an einer Hauswand aufzufinden**

 Art Schnitzel • die ganze Stadt • Instagram.com/artschnitzel7

Gestresst? Dann tief durchatmen, Ommm, die entspanntesten Auszeiten liegen gleich hier um die Ecke. Yoga auf dem Dach, in die Sterne schauen, auf Du und Du mit den Schäfchen im Englischen Garten. Hier findest du ganz schnell wieder zur eigenen Mitte.

Die ruhigen Ecken

Entspannen von minimalistisch bis luxuriös

Meditation im Dreck
Urban-Gardening-Projekte machen München grün

→ Der erste selbst angebaute Kohlrabi schmeckt himmlisch, versprochen! Und nebenbei machst du dein München zu einem kleinen Großstadtdschungel

Weltweit ist der Trend zum gemeinschaftlichen Gärtnern unter Großstädtern entbrannt. Warum? Weil es herrlich entspannend ist, mit den Händen in der Erde zu wühlen und an nichts anderes zu denken als an Tomatenstauden, Zitronenmelisse und Thymian. Urban Gardening ist Schrebergarten in cool. Angebaut werden Gemüse, Kräuter und Beeren, aber auch Blumen, die Bienen, Schmetterlinge und Käfer anlocken sollen nach dem Motto: Unser München soll grüner werden!

Deinen inneren Gärtner kannst du besonders schön beim Projekt *»Essbare Stadt« im Rosengarten* entdecken: Für 50 Euro übernimmst du von März bis November eine Beet-Patenschaft. Und dann ran an die Erde: Profis erklären dir, wie du die Parzelle am besten gestaltest, und stellen Samen in Bio-Qualität bereit. So gut wie alle Urban-Gardening-Projekte kommen ohne künstlichen Dünger und Insektengift aus, auch die *Nachbarschaftskonzepte am Balanpark und am Goldschmiedplatz*, für die ebenfalls Beet-Paten gesucht werden. Anstelle von Chemikalien vertreiben etwa Kaffeesatz oder Senfkörner Schädlinge. Angebaut wird für den Eigenbedarf. Monatlich gibt es eine Sprechstunde, in der Experten Tipps geben. Wasser sowie Geräte stehen Paten gratis zur Verfügung.

1 »Essbare Stadt« im Rosengarten • über Sachsenstr. 6, 81543 München • greencity.de/essbare-stadt

2 Gartenprojekt am Balanpark • Balanstr. 74, 81539 München • anstiftung.de

3 Beete am Goldschmiedplatz • Schleißheimer Str. 520, 80933 München • diakonie-hasenbergl.de

Die ruhigen Ecken

124

Eine Reise zu fernen Sternen Entdecke das All in der Supernova-Forschungsstation

Tatooine liegt vor deiner Haustür: Nur 1300 Lichtjahre entfernt, im Gürtel des Orions, kreisen die Planeten und Sterne so nahe umeinander, dass mehrere Sonnen am Himmel zu sehen sein dürften – ganz wie auf dem Heimatplaneten von Luke Skywalker. Der Star-Wars-Planet ist nur eines von unzähligen All-Phänomenen, die es im *Planetarium der Europäischen Südsternwarte* – kurz ESO – zu entdecken gibt. Das Astronomiezentrum bietet dir auf 2200 m² eine Reise durch die Zeit, vom Urknall bis zur Entstehung der Erde und den allerneuesten Forschungsergebnissen rund um Sterne, Kometen, Galaxien und Wurmlöcher. Der Eintritt ist kostenlos, und du kannst dich einfach in diese andere Welt, die doch deine ist, sinken lassen. Exoplaneten, Katzenpfotennebel oder die Entdeckung des Weltraumzuckers beamen dich in unbekannte Sphären. Herzstück ist ein digitales Planetarium, das dich auf eine Reise ins All mitnimmt.

==Zu Beginn jedes Films vermittelt ein Astro-Wissenschaftler aktuelle Neuigkeiten aus dem All und was am jeweiligen Abend über dem bayerischen Himmel strahlen wird.== 5000 Sterne leuchten in der Kuppel von 14 m Durchmesser über dir auf – ein Live-Bild von den großen Weltraumteleskopen aus der chilenischen Atacama-Wüste, wo ESO forscht. Ganz klein und bescheiden fühlst du dich, wenn die Weiten des Alls an dir vorbeiziehen. In der Ausstellung kannst du danach in die Milchstraße, in Sternennebel und Sonnenflecken eintauchen und den Alltag auf dieser Welt vergessen.

← Das hochmoderne ESO Supernova Planetarium sieht beeindruckend aus, besonders bei Sonnenuntergang

← Bei den Vorführungen lernst du Spannendes über das Universum

INSIDER-TIPP
Du siehst den Ster-nen-himmel ...

 ESO Supernova Planetarium • Karl-Schwarzschild-Str. 2, 85748 Garching • supernova.eso.org/germany

Detox vom Alltag
Die Magdalenenklause im Nymphenburger Schlosspark

Manchmal ist das Leben einfach zu viel. Das empfand schon Kurfürst Max Emanuel im 18. Jh. so – und baute sich seine eigene Meditationskapelle für »social detox«, hätte es denn diesen Begriff damals schon gegeben … Über die Jahre geriet die *Magdalenenklause bei Schloss Nymphenburg* nicht nur in Vergessenheit, nein, sie passte nie wirklich in das barocke »Klein-Versailles«, das im Westen der Stadt jedes Jahr Hunderttausende Besucher anlockt. Während die Parkwege und das Schloss voll sind, verirrt sich kaum einer zu der 1725 erbauten Klause. Zu wenig symmetrisch, zu abgetragen, zu wenig Barock, mag sie so gar nicht in das ordentliche Garten-Ensemble passen. Und doch ist sie genau so gewollt. Bei ihr soll die eigentliche Welt in den Hintergrund treten, sie sollte dem perfekten Bild ein bisschen wilde Romantik geben. So machte sich Hofarchitekt Joseph Effner ab 1725 daran, die Klause als eine Ruine in dem Park zu platzieren: Er baute sie inmitten eines Wäldchens, abseits des höfischen Trubels. Risse findest du in der Ziegelmauer genauso wie abbröckelnden Putz: Sie symbolisieren die Hinfälligkeit alles Irdischen. Im Sommer kannst du ihr Inneres besichtigen: Der nördliche Bereich ist ein Apartment mit dunkler Holzvertäfelung. Hierher zog sich der Kurfürst zurück. Grottengut ist die angrenzende Kapelle, die Maria Magdalena gewidmet ist: Muscheln und Kiesel verzieren die Wände aus Tuffstein und lassen ein Mosaik entstehen. Auf dem Altar stehen zwei Leuchter aus den Zähnen von Narwalen. Die Grotte hat etwas Fantastisches, Entrücktes und beamt dich nahezu in eine Märchenwelt, in der Alltagsprobleme ganz fern sind.

← Eine Auszeit findest du an der herrlich abgewetzten Magdalenenklause

 Magdalenenklause im Nymphenburger Schlosspark • 80638 München • schloss-nymphenburg.de

Aufguss mit Zen-Garantie Bei der Teezeremonie dem Alltag entfliehen

→ **Mit Ruhe und geübter Hand führt Jin Kyoung Choi die Teezeremonie durch**

INSIDER-TIPP
Dein Lieblingstee perfekt gebrüht

Wasser marsch! Wenn Jin Kyoung Choi ihre Tees aus China, Taiwan, Japan oder Korea aufkocht, fließt es nur so. Über Kannen, Becher, das Tablett und das hölzerne Tee-Tierchen, das Glück in ihre Teestube bringen soll. Bei der chinesischen Zeremonie werden alle Utensilien mit Wasser getränkt und so vorgewärmt, erzählt sie, während die gerollten Oolong-Blätter 30 Sekunden ziehen. Die Südkoreanerin ist die Einzige in der Stadt, die in ihrem Fachgeschäft, dem *Teesalon Laifufu*, regelmäßig Teestunden nach Zen-Art veranstaltet: mit Ruhe und Genuss. Wer einen Lieblingstee hat oder einen besonderen probieren möchte, kann diese Info vor der Zeremonie e-mailen. Das Tee-Menü wird darauf abgestimmt.

Die vollen Aromabecher werden bei der Zeremonie kopfüber in die Trinktassen gestürzt, und es entfaltet sich ein sanftes, blumiges Aroma im Raum. Neben grünen, schwarzen und weißen Tees hat sie Blumen- und Rindenmischungen sowie rote und gelb fermentierte Blätter. Bis zu zehn Mal werden die Blätter neu aufgegossen, jeder Probierschluck schmeckt anders. Choi folgt ihrem eigenen Rhythmus, mit präzisen Handbewegungen, die sie in ihrer Kindheit gelernt hat. Anwärmen. Gießen. Schütten. Ausschenken. Schlürfen. Die Gedanken fließen so sanft dahin wie der Tee in die Tassen. Tees seien ähnlich wie Wein, erklärt die Expertin: »Wirklich interessant sind die älteren Jahrgänge, z. B. beim Weißen Tee«. Drei Jahre alter Tee sei guter, nach fünf Jahren nenne man ihn Medizin und ab sieben Jahren einen Schatz. Ähnlich wie bei einer Wein-Degustation fühlt sich auch der Kopf an: federleicht und wie leergefegt.

 Teezeremonie im Laifufu • Maillingerstr. 14, 80636 München-Neuhausen • laifufu.de

Ganz schön Schaf
Zähle Lämmchen im Nordteil des Englischen Gartens

→ Na, wie viele Schafe kannst du im Englischen Garten zählen?

520 Schafe, 36 Lämmchen, 117 schwarze Schafe, ein bockiges Schaf ... Wer im Englischen Garten zu zählen beginnt, vergisst im Nu den Alltagsstress. Die flauschigen Rasenmäher ziehen in der Nähe der Hirschau durch den Nordteil des Englischen Gartens. Und das per Dekret: 1789 wurde vom Kurfürsten festgelegt, dass in dem Volkspark eine *Schafherde* leben soll. Jedes Jahr um den 1. Mai zieht eine Herde von 400 bis 600 Tieren in den Nordteil. Ihre Aufgabe: grasen. Die Stadt spart sich so das Stutzen der Wiese, und die Schäfer haben über den Sommer einen kostenfreien Futterplatz für ihre Tiere.

Ist die Rasenpflege in einem Areal geglückt, zieht die Herde weiter. So tingeln die Tiere durch den Garten, der 1792 einer der größten frei zugänglichen Parks der Welt ist. Einst als »Theodors Park« bekannt, wurde er von den Münchnern wegen seines modernen Stils bald schon als »Englischer Garten« betitelt – ganz im Gegensatz zum streng symmetrischen französischen Garten des Barocks. Er zieht sich über 375 ha. Der Central Park in New York hat dagegen »nur« 341 ha.

Die Schafe interessiert das alles wenig, solange sie futtern dürfen. Bis vor ein paar Jahren konnten sie noch frei umherlaufen, seit Neuestem werden sie zu ihrem Schutz eingezäunt. Immer wieder störten Besucher die Muttertiere, die über ihren quirligen Nachwuchs wachen. Der Freude am Schäfchenzählen tut das keinen Abbruch. Vor allem den munter bockenden Lämmern und großen Widdern kann man stundenlang beim Spielen und Käuen zuschauen.

7 Schafherde im Englischen Garten • Wiesen in der Nähe der Hirschau • muenchen.de

Die ruhigen Ecken

Der Himmel der Münchner Der idyllische Promi-Friedhof Bogenhausen

→ Der Schriftsteller Erich Kästner gehört zu den vielen Künstlern, die auf dem kleinen, verwunschenen Friedhof Bogenhausen beigesetzt sind

INSIDER-TIPP
Öffne das Herz!

»**Der Himmel is' da, wo kein Preiß ist**«: Dieser bayerische Spruch trifft auf keinen Ort besser zu als auf den berühmt-berüchtigten *Friedhof St. Georg*. Berühmt ist der alte Friedhof, weil am Isarhochufer zahlreiche Prominente liegen – und berüchtigt, weil ihrer aller Tod eine Geschichte erzählt. Ein berührendes Grab ist das von Liesl Karlstadt (1892–1960), der langjährigen Bühnenpartnerin von Karl Valentin – die in ihm ihre große Liebe sah, sie aber nie wirklich erfüllt bekam. Ihre Ruhestätte schmückt ein für Bayern typisches schmiedeeisernes Kreuz mit einem roten Herzen. Der Lack ist schon etwas ab. ==Trau dich nah an das Herz heran und öffne es. Im Inneren steht Karlstadts wirklicher Name Elisabeth Wellano, ein Name, den sie zu schützen versuchte – so wie ihr Herz.==

Lass dich treiben: Radler machen hier eine Pause auf den verwitterten Bänken, Spaziergänger schlendern gemütlich umher, ab und an sieht man hinter der Kirche sogar jemanden in aller Ruhe Zeitung lesen – und die Totenstille der Stadt genießen. Hinter der Kirche, die seit 1770 hier steht, liegt Filmproduzent Bernd Eichinger (1949–2011), der beim Abendessen an einem Herzinfarkt starb. Auf dem Grab von Musikproduzent Monti Lüftner (1931–2009) steht nur ein verwittertes Holzkreuz – Reichtum schützt nicht vor Einsamkeit, selbst im Tod kümmert sich keiner um seine Ruhestätte. Für Unmut sorgte die Beisetzung des schwulen Filmemachers Rainer Werner Fassbinder (1945–1982).

Die Urban Legend besagt übrigens, dass nur noch ein Platz auf dem Friedhof mit 200 Gräbern frei sei.

 Friedhof St. Georg • Bogenhauser Kirchplatz • 81675 München-Bogenhausen

Die ruhigen Ecken

Atme lieber ungewöhnlich Yoga an besonderen Orten

INSIDER-TIPP
Salz auf deiner Haut

↓ Yoga macht den Kopf frei wie hier beim Pop Up Yoga im Garten der Villa Stuck.

In der Villa Stuck, auf der Dachterrasse eines Hotels oder in einer Grotte – Yoga kannst du in München an ausgefallenen Orten üben; ein ganz besonderer ist z. B. die *Münchner Salzgrotte* in der Maxvorstadt, die wie ein Jungbrunnen wirkt. Eine Yogastunde hier reinigt die Lungen und die Haut.

Am Fuße des Monopteros oder doch zwischen den Säulen vom Haus der Kunst? Bei Gina und Terry von *Pop Up Yoga* weißt du nie, wo du mit deiner Yogamatte in der nächsten Woche landest. Die beiden Mädels üben an wechselnden Orten mit Besonderheitswert. Dieses Kribbeln im Bauch kommt daher nicht nur von der guten Yoga-Atmung, sondern auch, weil es einfach aufregend ist, an ungewöhnlichen Orten die Matte auszurollen und loszule-

gen. Da die meisten Stunden, soweit es das Wetter erlaubt, unter freiem Himmel stattfinden, bekommst du einen klaren Kopf in doppelter Weise: durch deine Asanas und die gute Münchner Luft. Egal zu welcher Jahreszeit, die Yogi-Mädels wünschen sich, die Übungen aus dem Studio in die Stadt zu bringen. Es darf auch mal ein Buch- oder Bettenladen sein, in dem trainiert wird, auch die Ausstellungsräume des Ägyptischen Museums sind nicht tabu. Die Energie ist überall anders, doch genau deshalb spürst du dich und deinen Körper noch besser: weil dein Geist wach ist. Die Outdoor-Stunden basieren auf Spenden und sind für alle Alters- und Yogastufen geeignet.

Über den Dächern der Stadt kannst du mittwochs *Rooftop Yoga im Andaz-Hotel* praktizieren. Vom zwölften Stock aus hast du einen Blick bis zu den Alpen. Da bleibt dir fast der Atem weg.

9 **Münchner Salzgrotte** • **Theresienstr. 91, 80333 München-Maxvorstadt** • **münchener-salzgrotte.de**

10 **Pop Up Yoga** • **Haus der Kunst, Prinzregentenstr. 1, 80538 München-Maxvorstadt** • **popupyogamuc.com**

11 **Rooftop Yoga im Hotel Andaz** • **Leopoldstr. 170, 80805 München** • **hyatt.com**

Die ruhigen Ecken

Bäume-Bad
(Be)Suche die Wildschweine in Forstenried

So sieht Safari in Bayern aus. Wer den *Forstenrieder Park* betritt, braucht etwas Glück und Geduld, aber die Wahrscheinlichkeit, Wildschweine zu entdecken, ist groß. Die sind zwar nicht zahm, aber so sehr an Spaziergänger gewöhnt, dass sie in der Regel weiter nach Eicheln wühlen, statt die Menschen zu beachten.

Seit Jahrhunderten ist das Waldstück im Süden Münchens königliches Jagdrevier. Die Wittelsbacher flanierten, feierten und veranstalteten Treibjagden zwischen den Tannen, und selbst Napoleon soll hier schon auf die Pirsch gegangen sein. Ein bisschen Flair dieser Vergangenheit kannst du heute noch auf den Eichenalleen erleben. Anderen Spaziergängern begegnest du nur ab und an, man verteilt sich eben auf 3900 ha und 43 km Wegenetz. Auch Rehe, Kaninchen und Damwild leben in dem Wildpark. Am besten beobachten kannst du die scheuen Tiere am Rand der Wildruhezone im Osten des Gebiets, nahe dem Gelben Haus. Wenn du hier einen Hirsch erblickst, solltest du an folgende Geschichte denken: Kurz vor dem Ende der Monarchie in Bayern 1918 erlegte Ludwig III. hier den letzten bayerischen Königshirschen. Eine Gedenksäule im Parkgebiet erinnert an diesen 7. Oktober.

Mehr über das ländliche Idyll erfährst du im *Walderlebniszentrum* des angrenzenden Grünwalder Forsts. Erlebnispfade, wechselnde Ausstellungen und geführte Wanderungen frischen das Waldwissen aus der Schule wieder auf oder festigen es.

← Man kann im Wildpark nicht nur Wildschweine beobachten, sondern auch im nahen Naturkundemuseum allerlei Neues über sie erfahren

← Auf breiten Alleen spazierst du durch den Forstenrieder Park

12 **Forstenrieder Park • Am Ludwigs-Geräumt, 82065 Baierbrunn • baysf.de**

13 **Naturkundemuseum im Grünwalder Forst • Sauschütt, 82031 Grünwald • alf-eb.bayern.de**

Leben und lesen lassen Der Büchergarten im Hildebrandhaus

→ Eine Tasse Kaffee, ein Stück Kuchen und ein gutes Buch – so lässt sich wunderbar ein Nachmittag im Lesegarten verbringen

Von außen sieht man erst mal nix. Dabei beherbergt das mondäne Hildebrandhaus in Bogenhausen einen großen Schatz: das literarische Gedächtnis der Stadt. In der denkmalgeschützten Villa von 1898 hat sich die »Monacensia« niedergelassen, die rund 250 Nachlässe von Schriftstellern und Künstlern verwaltet. Über 350 000 Manuskripte, Briefe und Tagebücher von Klaus und Erika Mann, Oskar Maria Graf, Ludwig Thoma, Therese Giehse und Liesl Karlstadt bilden das Herz des Archivs.

Hinter dem barocken Stadtschlösschen, das jüngst für 9,3 Mio. Euro renoviert wurde, wartet ein Geheimtipp: Im *Lesegarten* laden Liegestühle zum Verweilen ein. Wer mag, kann sich im Lesesaal Bücher zum Schmökern suchen oder seine eigenen mitbringen. Auffällig ist die Ruhe im Garten: Zwar ratschen die Besucher, doch das Rascheln der Zeitungen und das Zwitschern der Vögel ist lauter. Und das, selbst wenn im hauseigenen Café Mon die Espressomaschine röhrt! Die tollen Obsttorten solltest du wirklich nicht verpassen. ==30 Senioren der Backwerkstatt »Kuchentratsch« backen nach ihren alten Rezepten Aprikose-Käse, Schoko-Kirsch oder Joghurt-Beere für das Café Mon.==

Wenn du nach Leseinspiration suchst, schau vorab im gut sortierten *Bücherschrank in der Au* vorbei. In einem Gartenhäuschen findest du eine breite Auswahl, die du gratis mitnehmen kannst, wenn du dafür ein ausgelesenes Buch zurücklässt.

INSIDER-TIPP
Omas Kuchen, und zwar echt!

14 Lesegarten der Monacensia • Maria-Theresia-Str. 23, Eingang über Siebertstr. 2 , 81675 München-Bogenhausen • muenchner-stadtbibliothek.de

15 Bücherschrank in der Au • Sammtstraße beim Anwesen Am Hergottseck 2, 81669 München-Au • awm-muenchen.de

Heilige Mülldeponie
Das versunkene Dorf bei der Allianz Arena

→ Kunst und Denkmal in einem ist das einstige Dorf bei Fröttmaning mit der Heilig-Kreuz-Kirche

INSIDER-TIPP
Gottesdienst spezial

1,2 Mio. Besucher pilgern jedes Jahr in die Allianz Arena, um den Göttern in Kniestrümpfen zuzujubeln und dem Fußball zu huldigen. Was kaum einer der Fans weiß: Nur 550 m entfernt steht die älteste Kirche des Stadtgebiets München. Und sie hat eine mindestens so beständige Abwehr wie der FC Bayern: Die *Heilig-Kreuz-Kirche* wurde im 12. Jh. als Herz eines Bauerndorfs erbaut, das bereits 815 entstand. Wer heute den zehnminütigen Fußweg von der Allianz Arena über die Kurt-Landauer-Brücke wagt, sieht davon nichts mehr. Die Dorfgemeinschaft musste über die Jahre der Industrialisierung weichen: Erst der A99, dann der Kläranlage und schließlich der Deponie, auf der der Unrat der Stadt verbuddelt wurde. Das Dorf der Fröttmaninger Heide ist weltweit das einzige, das durch den eigenen Müll zunichte gemacht wurde. Nur das Kirchlein mit seinem Friedhof blieb standhaft zurück. ==Die Kapelle ist meist verschlossen. Im Sommer finden am ersten Freitag des Monats um 18 Uhr Gottesdienste mit besonderem Flair statt.==

Seit 2006 ist das Kirchlein eng mit dem Fußball verwoben. Ein Künstlerwettbewerb im Zuge der WM sollte Stadion und Umgebung verbinden. Der Künstler Timm Ulrichs gewann und kopierte die Kapelle aus Fertigbeton, um das Duplikat im Müllberg zu zwei Dritteln zu versenken. Vom »Versunkenen Dorf« sind Turm und Kirchenschiff noch zu sehen. Sie symbolisieren die Vergänglichkeit und prangern an, wie der Mensch seine eigenen Wurzeln und die Umgebung zerstört.

16 Heilig-Kreuz-Kirche • Kurt-Landauer-Weg 8, 80939 München-Freimann • pfarrverband-albert-allerheiligen.de

Die ruhigen Ecken

Stand up, calm down
Die schönsten SUP-Touren nach Feierabend

→ Zeit für einen Mini-Urlaub – Boards bekommst du beim *SUP-Verleih am Steg 1*

INSIDER-TIPP
Wenn die Sonne im See versinkt

Ein letzter Schluck vom Sundowner, dann geht es auf die Bretter, die für ein paar Stunden deine Ruhefläche sind. Das Stimmengewirr vom Ufer verstummt langsam, nur das Plätschern des Paddels begleitet dich. Die Feierabend-Runde auf dem Stand-up-Board erlebst du besonders intensiv bei einer Vollmondtour oder einer Sternschnuppenrunde auf dem Starnberger See. Cathrin Dierks und ihr Team bieten solche Touren am Steg 1 in Pöcking an. Richtung Osten führt die Route, hin zu Orten wie Leonie und Berg, deren Lichter in der Ferne glitzern. ==Wer sich früh am Abend aufmacht, erlebt einen feuerroten Sonnenuntergang. Einfach umdrehen nach Westen und die Minuten auf dem Board genießen!==

Ein langes Shirt hilft gegen Mücken und die leichte Kühle vom See, die an einem Sommerabend sanft über die Haut streicht. Knapp drei Stunden lang gibt es nur den See, dein Board und dich. Nimm dir Zeit, lege dich auf dein Brett, und lass die Sterne und Schnuppen über dich hinweghuschen. Wer so ins All blickt, vergisst Zeit und Sorgen.

Etwas dynamischer geht es bei den abendlichen Yoga-Kursen auf dem Pilsensee zu. In einem Kreis auf dem Wasser werden herabschauender Hund, Kobra oder das Kamel geübt. Wer allein unterwegs ist, kann so lange auf dem Wasser bleiben, wie er mag: Bei *Bavarianwaters* kannst du die SUPs selbstständig zurückgeben und mit einem Zahlenschloss sichern.

17 SUP-Verleih am Steg 1 • Ferdinand-von-Miller-Str., 82343 Pöcking • sup-starnbergersee.de

18 Bavarianwaters • Am Pilsensee 2, 82229 Seefeld • bavarianwaters.com

Die ruhigen Ecken

Von Nadeln, Nüssen und Natur erzählt das Museum Wald und Umwelt

Die Tage werden draußen kürzer, die Nachmittage im *Museum Wald und Umwelt* umso spannender. Im Herbst und zur Adventszeit gibt es Märchen aus dem Forst bei Kerzenlicht und Plätzchen, kurz vor Weihnachten bastelt ihr ein Futterbäumchen, damit Eichhörnchen, Amseln und Co. etwas zu fressen finden. Papier schöpfen, das Basteln von Weihnachtsschmuck aus Bienenwachs oder Schnitzkurse sorgen für gemütliche Nachmittage vor dem Ofen. Und wenn der Mond am Himmel steht, erwacht der Wald zum Leben. Bei der kleinen Nachtwanderung durch die Dunkelheit kannst du die Natur von ihrer finsteren Seite erleben.

Die Kurse sind ein Höhepunkt im Museum auf der Ludwigshöhe in Ebersberg. Schon der Weg ins Landschaftsschutzgebiet ist ein Erlebnis. Neben Feldern voller Getreide und Sonnenblumen gehst du eine alte Allee entlang, immer auf den Aussichtsturm zu. Wer ihn erklimmt, staunt: Bis zur Alpenkette öffnet sich der Südosten Münchens. Im Museum selbst kannst du Exponate rund um den Wald erleben, z. B. die seltene Holzbibliothek gleich am Eingang, die Wissen über mehr als 100 Baumarten birgt. Jedes Kästchen ist aus dem Holz geschnitzt, über das es berichtet, und verwahrt ein Blatt, Zweige oder Früchte von Eiche, Esche oder etwa Linde. Nach einem Brand wird das Haus selbst renoviert, doch Sonderausstellungen machen vieles wett. Auch schön: Der Naturerlebnispfad, der dich durch den Stadtwald führt. Der kleine Eber aus Holz begleitet dich durch den Forst und erklärt an acht Stationen, was am Wald so cool ist.

← Im *Museum Wald und Umwelt* erfährst du jede Menge über die Geschichte des Forstes

INSIDER-TIPP Wandern unterm Sternenhimmel

Museum Wald und Umwelt • Ludwigshöhe 2, 85560 Ebersberg • museumwaldundumwelt.de

Die ruhigen Ecken

146

Viele Wege führen zum Ziel Auf Lustwanderung am Schloss Schleißheim

Manchmal sieht man vor lauter Bäumen den Wald nicht. Ähnlich ergeht es einem in *Schloss Schleißheim*: Vor lauter Wegen sieht man den Park kaum noch. Breite Alleen am Kanal, gebogene Hecken bis zur Schlossmauer, ein Obstgarten hin zur Straße, dazwischen labyrinthartige Wege, Beete mit rund 150 000 Blumen. Ein bisschen kommst du dir vor wie Alice im Wunderland, wenn du auf wenig genutzten Pfaden Pilze so groß wie ein Fuß entdeckst und eine Palme einsam auf einer Lichtung steht. Die Welt ist auf diesen 77 ha noch sehr in Ordnung – und ziemlich verlassen.

Dass der Park Schloss Schleißheims zu einem der bedeutendsten Barockgärten Europas zählte, ist längst vergessen. Anwohner kommen hierher, Touristen kaum. So wandelst du allein auf dem 1300 m langen Kiesweg vom Hauptschloss, der zum »Lustheim« führt. Das pompöse Gartenhaus grenzt heute an einen Obstgarten mit seltenen Apfelbäumen sowie königlichen Bienenstöcken. Biene Maja wurde in Schleißheim erfunden. Ihre Nachkommen schwirren durch den Obstgarten. Den Honig gibt's freitags und samstags bis 12 Uhr im *Blauer Kurfürst-Laderl* zu kaufen.

Der vor 400 Jahren angelegte Barockgarten wird von 26 Gärtnern originalgetreu gepflegt. Salvien, Eisenkraut, Margeritenbäumchen, Fuchsien und Fleißige Lieschen blühen den ganzen Sommer.

← Gemächlich lässt es sich auf den Alleen durch die Schlossanlage schlendern

← 1685 errichtet: das prächtige Schloss Lustheim

INSIDER-TIPP
Honig von Biene Majas Nachfahren

20 Schlossanlage Schleißheim • 85764 Oberschleißheim • tourismus-schleissheim.de

21 Obstverkauf im Blauer Kurfürst-Laderl in der Kunst- und Lustgärtnerei • Freisinger Str. 18, 85764 Oberschleißheim • kunst-und-lustgaertnerei.de

Die ruhigen Ecken

148

Entspannung im Quadrat Ruhe finden im Meditationsgarten der Borstei

Um die Ecke vom Mittleren Ring wird es ganz entspannt. Wie bitte? An einer der meistbefahrenen Straße der Stadt? Genau. Die Idee hatte in den 1920er-Jahren der Architekt Bernhard Borst. Er wollte eine Wohnsiedlung für das gehobene Bürgertum bauen, die wie eine kleine Stadt in der Stadt ist. Die 1928 fertiggestellte Borstei mit ihren 77 Häusern steht heute unter Denkmalschutz und hat nichts von ihrer Ruhe und Ausgeglichenheit verloren.

Sieben Höfe auf 50 000 m² ziehen sich durch die Siedlung, denn Borst ließ nur 20 % seiner Siedlung bebauen, der Rest sollte grüner Balsam für die Seele sein. Darunter auch der *Garten der Ruhe*, den zwei vergoldete Bronzebüsten bewachen. Sie stellen den Frühling dar, ein Symbol der Erneuerung, der Kraft der Natur. Bei ihnen trittst du durch ein Ziegeltor und atmest tief ein. Kein Lärm, keine Hektik, nur Skulpturen und Grün liegen vor dir.

Such dir ein ruhiges Plätzchen, oder nimm dir wie die Anwohner eine Tasse Kaffee mit her. Wenn du die Augen schließt, hörst du nur das Gurgeln der Wasserspeier. Öffne die Augen und lass die Kunst auf dich wirken: In der Sonne blitzt der Reiher, den der Bildhauer Ernst Andreas Rauch schuf. Er entwarf auch den Valentin-Brunnen am Viktualienmarkt. Die Skulptur des Badenden im Teich ist das »Zen«-trum des Gartens. Hörst du die Straße? Nein, denn die Blockbauweise schirmt die Höfe von Lärm ab. ==Auf dem Rückweg schnuppere im Rosenhof an den ausgewiesenen Fliederarten. Sie sind einmalig in München und wachsen nur hier.==

← Eine ruhige Auszeit im Grünen bietet mitten in der hektischen Stadt die Borstei

← »Der Badende« im Herzen des Gartens der Ruhe

INSIDER-TIPP
Flieder schnuppern!

 Garten der Ruhe in der Borstei • Dachauer Str. 140, 80637 München-Moosach • borstei.de

Hier ist was los, hier steppt der Bär. Und du: mittendrin. Stürz dich rein ins pralle Leben, in die urigsten Events, die kultigsten Kneipen, die stimmungsvollsten Konzerte, die angesagtesten Festivals. Man lebt schließlich nur einmal!

Das pralle Leben

In Feierlaune das ganze Jahr

Das pralle Leben

Posaune zum Frühstück Auf der Brasswiesn

Florian Silbereisen wäre neidisch. Oder mitten drin. Denn es gibt es wirklich: das abgefahrene Festival der Blasmusik. Jedes Jahr am ersten Augustwochenende spielen am Echinger See über 80 Bands zwischen Strohballen und Almhütten auf, bis das Gras erzittert. Die *Brasswiesn* ist unter Fans Kult – eine Art Woodstock der Volxmusik, wo sich Brauchtum mit Zeitgeist mischt. An vier Tagen zieht es Musiker aus ganz Deutschland, aus den USA, aus Serbien oder Kuba in den Norden Münchens. Auf zwei großen Bühnen, vier Alm-Brettln und zwischen zig Biertischen spielen Profis, Newcomer und auch Laien, was die Instrumente hergeben. Bands wie LaBrassBanda, Querbeat oder Pam Pam Ida heizen ein. Das Festival ist zwar monothematisch, aber durch die Einflüsse von Chiemsee, Bayerischem Wald, Russland, Kuba und sogar Jamaika bunt und vielfältig. Rapper aus Brooklyn stehen neben Burschenvereinen aus Riedering, Trachtler mischen sich mit Hip-Hop-Stylern. Was früher als angestaubt verschrien war, hat sich seit 2013 seinen Weg an den Stadtrand und in die Herzen der Münchner gebahnt.

Insider-Highlight ist jedes Jahr der Auftritt der traditionsreichen *Kapelle Josef Menzl*. Die wilden Kerle in Lederhosen lassen sich sogar im Schlauchboot über die Menge gleiten. Verrücktes trifft auf Tradition – und genau so wollen es die Veranstalter. Ob die Band Dicht & Ergreifend spontan um 8 Uhr morgens ein Frühkonzert auf dem Campingplatz gibt oder beim Lagerfeuer ein Alphorn ausgepackt wird – alles ist erlaubt.

← Die Blasmusikszene lebt auf der Brasswiesn auf

← Ordentlich Rambazamba – die *Waginger-See-Musi* spielt auf dem Festplatz

INSIDER-TIPP
Wilde Kerle – ganz traditionell

1 Brasswiesn • Echinger See, 85386 Eching • brasswiesn.de

Vom Flashmob zur Kult-Veranstaltung
Beim Dîner en blanc feierst du wie in Paris

→ Elegant in Weiß amüsierst du dich beim Dîner en blanc

→ Zuerst verabreden sich die Teilnehmer übers Internet, dann spazieren sie gemeinsam zur Location

Jedes Jahr im Juni, wenn die Münchner Nächte am schönsten sind, ist es soweit: Eine eingeschworene Gemeinschaft trifft sich zum *Dîner en blanc* – zum Sommerpicknick ganz in Weiß. Helle Kleider, weißes Porzellan, schöne Gläser, weiße Tischdecken und Servietten, sogar der Blumenschmuck sollte möglichst hell sein! Wer mag, setzt einen Hut auf, wirft sich in den weißen Leinenanzug oder bindet sich Blüten ins Haar. So stilvoll wie möglich wird die Nacht an Orten in der Innenstadt wie dem Odeonsplatz, vor der Uni oder im Alten Botanischen Garten gefeiert.

Organisiert wird das Event via Facebook. Da das Dîner en blanc keine kommerzielle Veranstaltung ist, gibt es vorab weder Tickets zu kaufen noch Reservierungsmöglichkeiten. Dafür läuft die Mundpropaganda immer problemlos. Eine Woche vorher wird das Datum bekanntgegeben – und dann steigt die Spannung. Erst am Event-Tag verraten die Veranstalter einen Spot in der Nähe der eigentlichen Location. Gemeinsam laufen dann Hunderte Münchner zu einem Platz oder einer Wiese, um als großer Flashmob Picknicktische und Klappstühle aufzustellen, alles einzudecken und bei einem selbst mitgebrachten Drei-Gänge-Menü das Leben zu feiern. Die Idee für das Dîner en blanc stammt aus Paris und verbreitete sich über ganz Europa. Seit 2009 ist die Weiße Nacht auch in München angekommen. Zum Abschluss um 23 Uhr zünden alle Besucher Wunderkerzen an und räumen anschließend auf. Denn genauso wichtig wie die Feier selbst ist es, dass der Platz danach völlig unberührt aussieht.

2 Dîner en blanc • Anfragen an info@dinerenblancmunich.com

Das pralle Leben

Das pralle Leben

Hier boomt der Skandi-Sound Vor der Pinakothek feierst du dich warm

Die Kälte macht's. Mit Handschuhen und Daunenjacke bewaffnet solltest du in diese einmalige Partynacht in München starten. Vor der Pinakothek der Moderne findet im Winter die *finnische Disko am kleinen Futur*o statt. Der Designer Matti Suuronen hat das weiße Ufo 1968 als Skihütte entworfen, heute ist es echte, ausgelagerte Kunst. Als Teil des sogenannten »Satellitenprogramms« der Neuen Sammlung finden um den Futuro Lesungen, Kunstaktionen oder Musikabende unter freiem Himmel statt. Die Finnendisko ist eines der Highlights des Jahreskalenders. Sie beginnt schon um 17 Uhr, quasi als pünktliches Aprés-Ski- und After-Work-Event in einem – Eintritt gratis. Zusammen mit dem Szenemagazin »Zündfunk« des Bayerischen Rundfunks rockt die Skandinaviendisko so richtig durch den Abend: Mal wird wild im Freestyle mit wedelnden Armen getanzt, mal ganz organisiert in einer Kreis-Polonaise. Neben Neugierigen und Skandi-Fans triffst du hier echte, ausgewanderte Finnen, die lautstark Lieder der Band Eläkeläiset mitsingen. Die Musiker gelten als »greatest Humppa Band on Earth« und ja, du kannst dich diesem Ohrwurm nicht entziehen, selbst wenn du kein Wort verstehst. DJ Achim Bogdahn sammelt seit Jahren Platten aus dem Land der 1000 Seen. Neben *Sunrise Avenue*, *Lordi* und *The Rasmus* gibt es einiges Skurriles, Schrulliges, Cooles, was er auf die Plattenteller bringt. Dazu gibt es Blaubeerkuchen und Glögi, die finnische Version des Glühweins mit ordentlich Schuss. Also tanz, bis die Lammfellsohlen glühen!

← Bei der Finnendisko vor dem Futuro tanzt du die Kälte einfach weg

 Disko vor dem Futuro Satellit • am Haupteingang der Pinakothek der Moderne, Barer Str. 40, 80333 München-Maxvorstadt • dnstdm.de

Eine Party wie bei Freunden Im größten Open-Air-Wohnzimmer Bayerns

Eine Lichtung, gute Freunde und ausgelassene Stimmung – das muss doch eine grandiose Party werden. So dachten im Sommer 2013 zehn Freunde aus Eurasburg und wagten es: Die Clique stellte das *Brimbamborium Festival* auf die Beine, das inzwischen ein echter Geheimtipp unter Feierwütigen ist. Mit Engagement und helfenden Händen von Vereinen aus dem Tölzer Land zaubert sie jedes Jahr im Sommer eine Waldparty irgendwo im Nirgendwo. Auf einer Wiese an der Loisach, malerisch gelegen zwischen Achmühle und Eurasburg, entsteht in Handarbeit aus Holz und Deko-Klimbim ein Areal, das seinesgleichen sucht: Da schweben Diskokugeln unter Baumwipfeln, Girlanden ranken zwischen Büschen, die aus Holz gezimmerte Prosecco-Bar ist liebevoll mit Farben und Schildern verziert. Das Festival im Wald ist vor allem etwas für Liebhaber von feinem Sound und »Hygge«-Feeling. Statt Masse gibt es Klasse und viel, viel Liebe zur Sache an sich. Unprätentiös und authentisch wie ein Grillabend unter Freunden, detailverliebt und soundsicher wie bei Profis – das Brimbamborium ist eine Party für Menschen, die das Leben im Jetzt genießen können. Street-Food-Stände mit Kimchi und bayerischen Donuts, ein mobiler Bäcker sowie Saftiges vom Grill runden die zwei Abende auf der Lichtung ab. Was du schnell merkst: Viel braucht es nicht! Ein Lagerfeuer ist Effekt genug, der Bodennebel besser als Kunsteis und der Sternenhimmel die einzige Uhr, die zählt.

← Gute Laune ist beim Brimbamborium Festival mitten im Wald garantiert

← Zu klangvollen Sounds wird getanzt und gefeiert

 Brimbamborium Festival • Wald bei Eurasburg, 82547 Eurasburg • Facebook: Brimbamborium

Die Facetten eines Viertels Bei Ois Giasing das Multikulti Münchens entdecken

→ Die Isarschiffer sorgen beim Stadtteilfest Ois Giasing dafür, dass man fröhlich zur Musik mitwippt

→ Das Graffito erinnert an das Kulturprojekt Puerto Giesing

Einst Arbeiter- und Scherbenviertel, jetzt Szene-Ort mit Potenzial: München-Giesing ist aufstrebend, cool und doch noch »naturbelassen«. Genau das feiert das alljährliche Streetlife-Festival *Ois Giasing* am letzten Wochenende der Sommerferien entlang der Tegernseer Landstraße, die Insider nur »TeLa« nennen. Kultur abseits von Kommerz und Mainstream steht dabei im Zentrum, etwa der Velvet Jazz, die Heimatlieder eines Volkskundlers, Off-Kunst und kultige Imbissstände, die sich entlang der Häuserzeilen aufreihen. Die Osteria Alpenhof backt Pizza, vom Edelweiß gibt's Burger vom Grill, und Herz und Schnauze liefert israelisches Fingerfood. Es soll zusammenkommen, was sonst nicht zusammenfindet. Neu Zugezogene und Alteingesessene, Modernes und Traditionelles, Ausgeflipptes und Klassisches. Denn der Multikulti-Mix macht Giesing schließlich aus. Die Idee, dass ein Viertel bunt wie ein Eintopf ist, soll vor allem über die Grenzen des Viertels hinausgetragen werden! Eingeladen sind alle Münchner, zu musikalischen Lesungen, Live-Musik und Fotoausstellungen, zu Kräuterwanderungen, Barock-Konzerten, Mini-Partys und After-Work-Drinks. Und vor allem zu einem breiten Kinderprogramm mit Schminken, Basteltisch, Straßen-Rallye sowie Torwandschießen. Einen neuen Blick auf Fassaden und Innenhöfe gibt es beim Stadtteilrundgang, der mehrmals pro Tag von der Volkshochschule angeboten wird. Wer danach hungrig ist, geht zur Schnippelparty, bei der viele Hände einen großen Eintopf zaubern – bunt wie Giesing selbst.

INSIDER-TIPP
Auf zur Schnippelparty!

5 Ois Giasing Straßenfestival • entlang der Tegernseer Landstr., 81549 München-Giesing • oisgiasing.de

Das pralle Leben

Das pralle Leben

Beethoven hautnah
Bei den BMW-Clubkonzerten gibt's Klassik in der Disko

Wenn Gin Tonic auf Georg Friedrich Händel trifft, die Noten von Beethovens Streichquartett sich in Eiswürfeln spiegeln, dann ist es wieder Zeit für ein Clubkonzert der Philharmoniker und des Münchener Kammerorchesters. Drei Mal pro Saison wagen sich die Musiker samt Violine, Kontrabass, Fagott und Harfe raus aus den Konzertsälen und rein in die Wildbahn des Nachtlebens. Klassik mitten auf der Feierbanane – ein Kontrast, so einzigartig wie genial. Im Ambiente mit Diskokugeln und Barbetrieb bekommen die klassischen Stücke einen völlig neuen Anstrich. Du als Besucher bist hautnah dabei: Mit einem Drink in der Hand kannst du dich neben die Musiker stellen, an die Bar lehnen, Platz auf einer Box nehmen oder von der Treppe aus direkt einen Blick in die Notenhefte erhaschen. Die Nähe und die ungezwungene Atmosphäre machen den Abend spannend und entspannend zugleich. Ob im *Pacha*, in der *Roten Sonne* oder dem *Harry Klein*: Die Profis spielen das Best-of ihrer Repertoires, häufig gespickt mit persönlichen Vorlieben, Anekdoten und Experimenten.

← Werke von Beethoven, Gubaidulina, Ligeti und vielen mehr gibt's beim *BMW-Clubkonzert* zu hören

==Wenn sich die Musiker der Philharmonie mit denen des Kammermusikensembles mischen, entstehen einmalige akustische Schmankerl – erlebenswert!== Die Musiker führen selbst durch den etwa zweistündigen Abend, moderieren ihre Stücke an, und zuweilen wechselt einer hinter das DJ-Pult. Denn der Abend ist nach der Runde Klassik noch jung: Fast nahtlos startet der Club mit Electro-Beats und Charthits. Zeit für einen zweiten Gin Tonic.

INSIDER-TIPP
Klassik-Kombi

BMW-Clubkonzerte • Feierbanane München: Harry Klein, Sonnenstr. 8, 80331 München, Pacha, Maximiliansplatz 5, 80333 München oder Rote Sonne, Maximiliansplatz 5, 80333 München **• spielfeld-klassik.de**

Bayerische Weihnacht
Budenzauber im Hof des Ministeriums

→ Weihnachtsstimmung kommt auf dem schön beleuchteten Christkindlmarkt mit Standln voller regionaler Produkte auf

Der Zauber liegt im Besonderen: Unmittelbar vor dem ersten Advent findet im *Innenhof des Landwirtschaftsministeriums* ein einzigartiger *Christkindlmarkt* statt. Regional, mit Liebe und nie durchschnittlich sind die Speisen und Getränke der Marktkaufleute. An einem Tag tummeln sich die Städter im Hof. Vor den erleuchteten Arkaden haben hiesige Produzenten ihre Stände aufgebaut, und auch die Kerzen am Christbaum glühen schon. Genauso wie die Wangen der Besucher: Es gibt Zwetschgenglühwein und Räucherfisch, Wildschmankerl sowie Schinken aus dem Salzstollen. Ein Schluck Enzianschnaps vertreibt die Novemberkälte, der 16 Monate gereifte Bergkas ist ein tolles Mitbringsel, und die Flasche Hollerpunsch aus dem Altmühltal erinnert auch noch daheim an einen ersten Winterabend mit Flair.

Ein bisschen Kitsch darf sein: ==Mit der Pferdekutsche fährst du vom Innenhof über die Straßen Münchens unter der Adventsbeleuchtung dahin, vorbei am Geburtshaus von Sisi.==

Neben dem Besten von den Feldern, aus den Ställen und Gärten Bayerns findet auch das bayerische Kunsthandwerk seinen Weg in die Stadt: Spitzenklöppeln lebt auf, genauso die Produktion von Bienenwachstüchern, verzierten Stofftaschen und alpenländischem Weihnachtsschmuck. Im Veranstaltungssaal zeigen Handwerker Kindern ihr Können: Es wird mit Farbe gekleckert, eine Vogelfigur geschnitzt und Wolle per Hand gesponnen. Und wer Action braucht, versucht alle Neune auf der nostalgischen Holzkegelbahn abzuräumen.

INSIDER-TIPP
Kutschfahrt mit Sisi

 Innenhof des bayerischen Landwirtschaftsministeriums • Ludwigstr. 2, 80539 München-Maxvorstadt • stmelf.bayern.de

Das pralle Leben

Drachen, Hexen, Liebestränke Auf dem Mittelaltermarkt am Reitsberger Hof

→ Lass dich zum Ritter machen! Für das Equipment ist gesorgt

Wenn die Feuerschalen brennen und die Feuerspucker feiern, wenn die Ritter die Schwerter heben und die Musikanten auf der Laute spielen – dann hat das Mittelalter Baldham fest im Griff. An vier Tagen wird auf dem Reitsberger Hof bei Vaterstetten die Vergangenheit zwischen Ständen und Darbietungen lebendig. Mystisch, abenteuerlich und vor allem von anno dazumal! Bei den »Rittermachern« gibt es Harnische und Kettenhemden. Urmaka, auch bekannt als »Die Tuchfrau«, webt und stickt Schals sowie Wandschmuck. Die Kutsche von Beerenwein hat neben Getränken aus Holunder, Blaubeeren und Kirschen auch wärmenden Met. Amulette, Liebestränke und Silberschmuck bieten die Kaufleute für wenig gute Taler feil, Jungfernkränze und Damastmesser machen die Zeit von König Artus mitten in Bayern lebendig. Vor allem Kinder können das Mittelalter hautnah erleben, können sehen, fühlen, schmieden und dem Zauber von Hexen, Feenwesen und Gauklern erliegen. Sie basteln Mosaike, backen Fladenbrote oder schauen im Lager der »schwarzen Löwen« vorbei: Hier hören sie Geschichten von Schlachten, die es zu schlagen galt. »Die Löwen« sind eine von zahlreichen Gruppen, die während der vier Tage rund um den 3. Oktober ihr Quartier auf der Wiese aufschlagen und in Zelten leben, wie es Ritter eben damals taten. Für Junker, Hofdamen und Stallburschen gibt es zur Stärkung Seelen, Drachen-Crêpes und Barbarenspieße. Wagst du dich an den Hexeneintopf? Im Frühling zieht das Mittelaltervolk übrigens weiter nach Bogenhausen.

 Mittelalterfest auf dem Reitsberger Hof • Baldhamer Str. 99, 85591 Vaterstetten • hexelinde-event-gastronomie.de

Das pralle Leben

Allerlei Hanalei Das Hawaiifest verwandelt Bayern in Maui

Es gibt sehr wohl Bier auf Hawaii! Zumindest beim alljährlichen Sommerfest des Fußballvereins Erdweg. Seit 1984 veranstaltet der Verein ein Gartenfest zugunsten der Sportjugend, das sich mit den Jahren zum *Hawaiifest* ausgewachsen hat und inzwischen das größte Open-Air-Festival im Landkreis Dachau ist. In einer ungenutzten Sandgrube in Guggenberg nahe dem Dorf Erdweg tanzen 2000 Leute an zwei Samstagen, was das Zeug hält. Und das ist viel! Vor 4 Uhr nachts geht fast keiner ins Bett. Gut, dass gegenüber ein Zeltplatz liegt, wo du nach der Feier nur noch in den Schlafsack fallen musst.

INSIDER-TIPP
Campen unter Sternen

Mit dem Mondlicht über dir und der Lei-Girlande um den Hals tanzt du am rund 100 m langen Gruben-Strand. Für unter 10 Euro pro Ticket wird viel geboten: Melonenlampions, Bananendeko, Weißbierbar, Live-DJ, Lichtershow und nicht zu vergessen die Caipirinha-Lounge sowie der Hawaii-Tresen. Klassiker wie Mai Tai geraten bei Kennern ins Abseits: Die genaue Mischung des Hauscocktails »STVGG Special« bleibt zwar geheim, doch Banane und Ananassaft treffen in einer ausgeschabten Kokosnuss auf Hochprozentiges.

Jeans und weiße Shirts sieht man übrigens wenig. Die Leute kommen gern in bunten Kleidern. Ja, das gute, alte Hawaii-Hemd wird hier bewundert, ebenso wie es das kunterbunt bedruckte Sommerkleid und die Blumen im Haar werden.

← Cocktails, Musik und Girlanden – das Hawaiifest in Erdweg ist immer gut besucht

← Lauter Sound und eine Lichtershow gehören natürlich mit zum Programm

 Hawaiifest in Erdweg • Sandgrube an der Nussstr. 2, 85253 Erdweg • hawaiifest.de

Es lebe die Boheme, es lebe das Gesinde
Bei der Vorstadthochzeit feiern wie 1908

Den Alltag bitte an der Tür abgeben! Und die Gegenwart gleich mit. Bei der *Vorstadthochzeit im Hofbräuhaus* wird gefeiert wie anno 1908. Mit Bier und Tanz, vor allem aber in Kleidern der Jahrhundertwende. Und es ist gar nicht so unattraktiv, sich in Anzug und Zylinder oder langen Rock mit hochgeschlossener Bluse zu hüllen und für eine Nacht der Gegenwart zu entfliehen. Fesches Gwand führt das Kostümhaus Breuer. Mit der Eintrittskarte der Vorstadthochzeit gibt's 15 % Rabatt.

Die Vorstadthochzeit ist ein Spektakel, das jedes Jahr zwischen April und Mai stattfindet. Die Idee einer inszenierten Hochzeit kam dem »Simplicissimus«-Karikaturisten Karl Arnold 1908: Mit Schauspielern, Musikern, Malern und Kreativen ersann er ein Brettlbühnen-Fest, das sich gewaschen hat. Mit wenigen Unterbrechungen schließen seitdem jedes Jahr zwei Künstler zur Schau die Ehe. Ludwig Thoma, Rudolph Moshammer, Hansi Kraus, Prinz Luitpold von Bayern, Kathrin Anna Stahl, Veronika von Quast und Eisi Gulp haben schon am Kostümball mitgewirkt. Karten gibt es ganz regulär im Vorverkauf – auch wenn sie meist nach einem Tag weg sind. Denn im Brauhaus aus dem 16. Jh. wie die Boheme um 1900 zu feiern, ist einmalig. Höhepunkt des Geschehens ist seit wenigen Jahren die Glasscherbenrevue, bei der das »Gesindel der Herrschaft« das Feiern lehrt. Es wird gespeist und getanzt, getrunken und geflirtet, geschwoft und gepoltert, dass die Bretter des Hofbräuhauses nicht nur zittern – nein, sie erbeben bei der Feier, bei der es fast keine Regeln gibt. Die einzige Vorschrift: ohne Verkleidung kein Einlass.

INSIDER-TIPP
Sich kleiden wie anno dazumal

→ Rein ins Kostüm der Jahrhundertwende oder in die historische Tracht, und die spektakuläre Vorstadthochzeit startet

 Vorstadthochzeit im Hofbräuhaus • Platzl 9, 80331 München • vorstadthochzeit.de

Das pralle Leben

Das war ein bisschen viel an Info? Du weißt nicht, wo du anfangen sollst? Na dann, hier kommen ein paar Vorschläge: die Tipps aus diesem Buch, neu gedacht, neu sortiert. Teste dies, probiere das und würfel alles wieder neu zusammen!

Mix & Match

Mach dein eigenes Ding

Kurzurlaub
In zwei Tagen besonders viel erleben

Tag 1

Sightseeing pur
Hol dir Kaffee und Frühstück am Wiener Platz. Dann geht es mit der *Tram 19* vom Max-Weber-Platz in 20 Minuten vorbei an den größten Sehenswürdigkeiten Münchens: Landtag, Maximilianstraße, Residenz und Oper, Lenbachbrunnen, Stachus. An der Schrenkstraße endet die Tour. → **S. 25**

Shoppe dich glücklich
Im Westend leben jede Menge kreative Köpfe. Was alles Schönes in deiner Heimat produziert wird, siehst du, wenn du beim *Isarkollektiv* vorbeischaust. → **S. 9**

Auf Luke Skywalkers Spuren
Vom Urknall bis zu den neuesten Erkenntnissen über Sterne, Kometen, Galaxien und Wurmlöcher – im *ESO Supernova Planetarium* beamst du dich in unbekannte Sphären. Mach dich schlau über den Himmel über Bayern! → **S. 125**

Sechs auf einen Streich
Ein halbes Dutzend Biere regiert München. Paulaner, Hacker-Pschorr, Augustiner, Spaten, Hofbräu und Löwenbräu kannst du im *Bier- und Oktoberfestmuseum* alle verkosten. Das gibt es sonst nirgends, da jede Gaststätte an eine Brauerei gebunden ist. → **S. 19**

Alpenküche querbeet
Die Klassiker der bayerischen Küche serviert das *Bapas* in Mini-Portionen. So kannst du dich ohne Reue vom Schweinsbraten über Reiberdatschi bis zum Kaiserschmarrn schlemmen. Platz im Bauch ist danach immer noch. Vielleicht für Ochse in der Brezn? → **S. 10**

Tag 2

Erstmal Frühstück
Fahr raus nach Fürstenfeldbruck, wo der kleine *Finger der Bavaria-Statue* in der Hauptstraße → **S. 79** steht. Von hier schlenderst du über das Alte Rathaus und den hübschen Friedhof zum Restaurant Vierwasser und gönnst dir eines der tollen Frühstücke direkt an den Ufern der Amper.

Raus aufs Wasser
In Seefeld am kleinen Pilsensee kannst du dir ein Stand-up-Board oder Boot bei *Bavarianwaters* → **S. 142** mieten und raus aufs Wasser fahren. Das Ufer ist aus der Ferne genauso malerisch. Wie wäre es mit einer Abkühlung im See?

Wanderung mit Apfelkücherl
Vom *Schloss Seefeld* → **S. 20** spazierst du in 30 Minuten in das uralte Dörfchen Wittersberg, vorbei an alten Backhäuschen, Bauerngärten und einer wunderschönen Kirche. Nimm den Bus zurück zum Schloss und gönn dir im Bräustüberl dort Apfelkücherl mit Walnusseis.

Wie in Italien
In Starnberg ziehst du schnell den Helm auf, und los geht's mit der Vespa am Ufer entlang. Beim *Vespressi*-Verleih → **S. 100** bekommst du sogar einen Picknickkorb für einen Sundowner mit kulinarischer Begleitung mit. Besonders schön ist dafür die Gegend um St. Heinrich.

Konzertabschluss
Bei den *BMW-Clubkonzerten* mischt sich das Beste aus beiden Welten. Erst spielen die renommiertesten Klassikmusiker Münchens mitten in der Disko auf. Danach kommt der Sound von den Turntables. Zeit für einen Drink und dann mit Mut auf die Tanzfläche! → **S. 163**

Auszeitturbo
Ein herrlich entspannter Tag

Guten Morgähn!
Beginne deinen Tag mit neuer Energie: Beim *Pop Up Yoga* saugst du beim kollektiven Gähnen frische Luft in deinen Körper. Im Sommer siehst du über dir den klaren Himmel, im Winter blickst du auf die Bilder in der Pinakothek der Moderne. → **S. 134**

Erstmal 'nen Kaffee
Schlendere über den Viktualienmarkt, und suche dir eine Ecke am Kartoffelbrunnen. Hier kannst du dir erst mal einen Cappuccino von der Münchner Kaffeerösterei holen und Gebäck bei Lea Zapf. Danach schaust du bei *Resi* auf einen heißen Ingwer-Drink vorbei. → **S. 6**

Ruhe absolut
Friedhöfe sind gruselig? Nicht der in *Bogenhausen*. Manch Prominente(r) hat auf dem Friedhof die letzte Ruhe gefunden. Schlendere zwischen den Gräbern – es ist unfassbar, wie viele Namen dir hier bekannt vorkommen. Ein schöner Sonnenbankplatz liegt hinter der Kirche auf der Westseite. Setz dich hin und genieße die perfekte Ruhe. → **S. 132**

Sorgen wegkochen
Wer kocht, den beschäftigen keine Sorgen. Such dir einen passenden Kurs im *Anderswo* raus. Indisch? Sushi? Gewürzkunde? Oder doch lieber einen Backkurs? Vieles ist möglich und für jeden was Passendes dabei, ob als Single oder für den Pärchennachmittag. Das Beste: Du startest schon mit einer Grundlage in den Abend. → **S. 40**

Mit Cocktail in den Abend
In der kleinen *Ménage-Bar* haben die Barkeeper die Ruhe weg und helfen dir, deinen perfekten Cocktail zu finden. Du kannst dich entspannt zurücklehnen, denn du bist in besten Händen. → **S. 35**

Kinderkram
So werden die Kleinen glücklich

Triff das Christkindl
Im *Alten Peter* gehst du auf große Suche! Findest du das kleine Glockenspiel mit dem Kirchlein? Dann musst du nur noch fünf Cent in den Münzschlitz werfen, und schon geht es los: Das kleine Männchen kommt für dich bis an die Glasscheibe gefahren. → S. 22

Von Klettermaxen und Kaninchenstreichlern
Die Spielmöglichkeiten im *Erdinger Stadtpark* sind grenzenlos: Ob du im Matsch buddeln willst, lieber die steile Rutsche bezwingst oder wie die Kelten ein Dorf aufbaust – alles ist möglich. Im Streichelzoo gibt's dazu Kaninchen und Meerschweinchen zum Kuscheln. → S. 117

Hallo Knappe Baldham!
Der Mittelaltermarkt vor den Toren der Stadt entführt dich in eine fremde Welt: Schmiede hämmern, und es gibt Stockbrot und die Fleischspeise auf die Hand. Und der Esel mag es gern, wenn man ihn hinter den Ohren krault. Übrigens: auch wenn kein Mittelalterfest ist, hat der Hof ein gutes Kinderprogramm. → S. 166

Amper-Indianer
Für Kinder ab acht Jahren ist der Fluss ein großer Spielplatz. Allerlei gibt es hier zu entdecken: Umgekippte Bäume, wilde Seitenarme und eine Menge Biberfamilien. → S. 13

Bio-Bastelstunde
Tolle Kerzen aus Bienenwachs, einfache Vogelhäuschen aus Holz oder schönes bedrucktes Geschenkpapier: Im Museum Wald und Umwelt in Ebersberg gibt es jede Woche tolle Kinderkurse. → S. 145

Mix & Match

Sauwetter
Wo es bei Regen besonders schön ist

Ein Wochenende in der Werkstatt
Samstag und Sonntag soll es regnen. Was gibt es Besseres, als sich mit Bastelarbeiten abzulenken? Am *MakerSpace* gibt es zahlreiche Kurse, bei denen du mit Profis Ungewöhnliches selber baust, etwa eine E-Gitarre oder ein Snowboard. Besser kann man mit einer miesen Wetterprognose nicht umgehen. → **S. 89**

Unter Tage
In der Stadt schüttet es, im Münchner Untergrund ist es schön trocken. Mit den U-Bahnen kannst du dir die kunstvoll gestalteten Stationen von Ingo Maurer anschauen. Übrigens: Neben Westfriedhof, Münchner Tor und Moosfeld hat er auch das Zwischengeschoss am Marienplatz illuminiert. → **S. 76**

Einkuscheln erwünscht
Wenn die Temperaturen in den Minusbereich rutschen, ist es am allerschönsten im *Ayinger* Bräustüberl. Nach einem heißen Punsch im Wirtsgarten geht es in den ehemaligen Getreidespeicher. In der Hütte wird dir beim Schweizer Käsefondue richtig heiß. → **S. 56**

Spa es dir
Auf 2000 km² Spa-Bereich lässt es sich aushalten, ganz egal, wie feucht, kalt, ekelig es vor den großen Fenstern ist. Der Wellnessbereich im Andaz-Spa zieht sich über zwei Etagen und gibt den Blick über die Stadt frei. → **S. 135**

Flucht ins Buch
Sauwetter ist doch der perfekte Anlass, um mal wieder in Ruhe zu lesen. In der *Monacensia* kannst du dir tolle Bücher wie »Frost und Sonne« ausleihen und an den russischen Zarenhof in deiner Fantasie flüchten. Dazu ein Tee und Zupfkuchen aus dem Café! → **S. 138**

Low Budget
Tipps für Clevere & Schnäppchenjäger

Gratis-Muckis
Beim *Lederhosentraining* im Englischen Garten kannst du ohne Anmeldung und ohne Geldbeutel aufschlagen. Das Ganzkörper-Workout ist komplett gratis. Wer jede Woche mitmacht, sieht schon nach einem Monat wie ein echter Sportler aus. → **S. 94**

Große Kunst für kleines Geld
Ein echter Joseph für nur drei Euro! In der *Artothek* kostet das Ausleihen von wertvollen Gemälden aus München nur einen Pfifferling. Wem das Werk gut gefällt, der kann es anschließend kaufen oder sich ein Stück frische Kunst aussuchen. → **S. 70**

Mitgedacht, mitgebracht
Wer seine leere Kaffeedose mit in *Junker's Café-Rösterei* nach Freising bringt, bekommt einen Rabatt auf die frische Bohnenfüllung. Das spart nicht nur Geld, sondern auch die Umverpackung. → **S. 50**

Kostenlose Fernreise
Die Ausstellung der *ESO Supernova* in Garching ist gratis. Mit Kindern kannst du hier ferne Planeten erkunden, lernst selbst etwas über die Entstehung der Welt und polierst dein Wissen um Sterne, Monde und Galaxien für lau auf. → **S. 125**

Nimm drei, zahl zwei
Wer das Weißwurstfrühstück an der *MS Utting* mit Breze, süßem Senf und einem Weißbier komplett macht, spart. Das Bier, das sonst 3,50 Euro kostet, gibt es für 2,90 Euro – und die Brezn kommt gratis dazu. → **S. 36**

Shoppingfieber
Hier kannst du fette Beute machen

Heimat auf der Hut
Der Laden von *Suck my Shirt* ist immer einen Besuch wert. Nicht nur, weil du Kickern kannst, nein, dauernd gibt es auch neue Kleidung mit dem 089-Logo, dem Aufdruck »Heimatgefühl« oder den »Bergliebe«-Hoddies. → **S. 9**

Lass uns grillen
Salat mitbringen kann jeder. Beim *Soda'La*-Kiosk findest du coolere Mitbringsel: Besondere Senf- und Ketchup-Varianten, Nüsschen, Kräuterbonbons und natürlich ordentliche Münchner Biere. → **S. 32**

Schreib mal wieder
Die Postkarten vom Ammersee lösen Freudengefühle aus. Wer eine im Briefkasten findet, muss garantiert lächeln. In dem Laden *Timbooktu* kannst du sie in Schondorf kaufen und obendrein allerlei tolle Romane abstauben. → **S. 65**

Durch die Blume
Alles für ein bisschen mehr Grün findest du in der Kunst- und Lustgärtnerei am *Schloss Schleißheim*. Es muss ja nicht immer die große Hortensie sein. Auch moderne Sukkulenten, Gärtchen im Glas sowie Kissen, Plaids und Honig gibt es in dem Laden zu kaufen. → **S. 147**

An die Leine gelegt
Der Kiosk vom *SUP-Verleih Steg 1* hat coole Gimmicks, etwa die schön gekordelten Bänder von Soleash für Sonnenbrillen und Masken. Dank der stylischen Nylon-Kordeln ist alles, was von der Nase rutscht, safe. Die Firma stammt übrigens aus Starnberg. → **S. 142**

Weltreise daheim
Exotische Orte ganz nah

Chinesische Beutelkunde
Tauche tief in die fremde Kultur Koreas, Taiwans oder Chinas ein. Im *Teesalon Laifufu* findest du natürlich zig verschiedene Sorten zum Trinken, aber auch besondere Kleinigkeiten wie das Teesieb aus der Schale eines alten Kürbisses. → **S. 128**

Reykjavik vor der Tür
Das *Café Blá* bringt Island ganz nahe zu dir. Über Skyr-Kuchen und Lakritz-Schokolade sitzt du an abgesägten Baumstämmen mitten in der Au. Und auch das Interieur ist typisch für die Insel: modern, geradlinig und schlicht – nordisches Understatement kann so entspannend sein. → **S. 49**

Barfuß im Sand
Beim *Hawaiifest* kannst du die ferne Inselkette des Pazifiks fast spüren. Mit den Zehen tanzt du auf Sand, in der Hand einen Cocktail samt Schirmchen, und die Leute sind herrlich entspannt. So geht es durch die Nacht, bis über Honolulu der Morgen dämmert. → **S. 169**

New York, London, Tokio!
Die Kunst im *Museum Brandhorst* hat aus aller Welt ihren Weg nach München gefunden. Lass dich von den Bildern an ferne Orte entführen und blicke neu auf dein München. Das kann nämlich in Sachen Kunst international mithalten. → **S. 90**

Mamma Mia!
Ein Teller Nudeln für die Seele und ein Glas Wein für den Gaumen: Im Restaurant *Villini* fühlst du dich wie in Bella Italia. Dafür sorgt das Team mit authentischen Fischspezialitäten, sardischem Brot und jeder Menge italienischem Charme.
→ **S. 45**

Wo find ich das? Wo will ich hin? Was ist sonst noch in der Nähe? Wer hat sich das alles ausgedacht? Und wohin schicke ich meine Fanpost, mein Feedback? Ganz schön viele Fragen. Die folgenden Seiten helfen dir weiter.

Dies & Das

Karten, Register und mehr

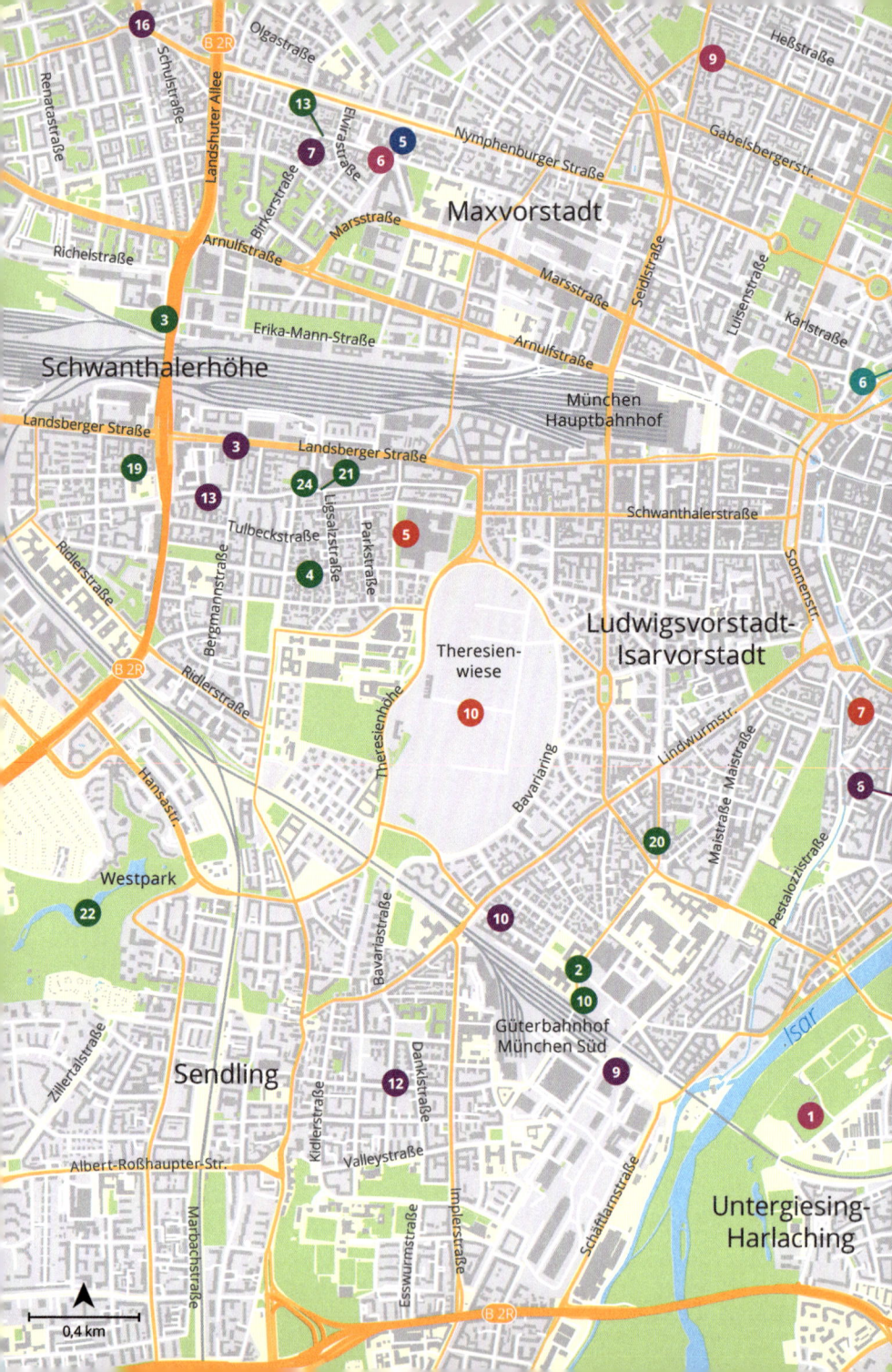

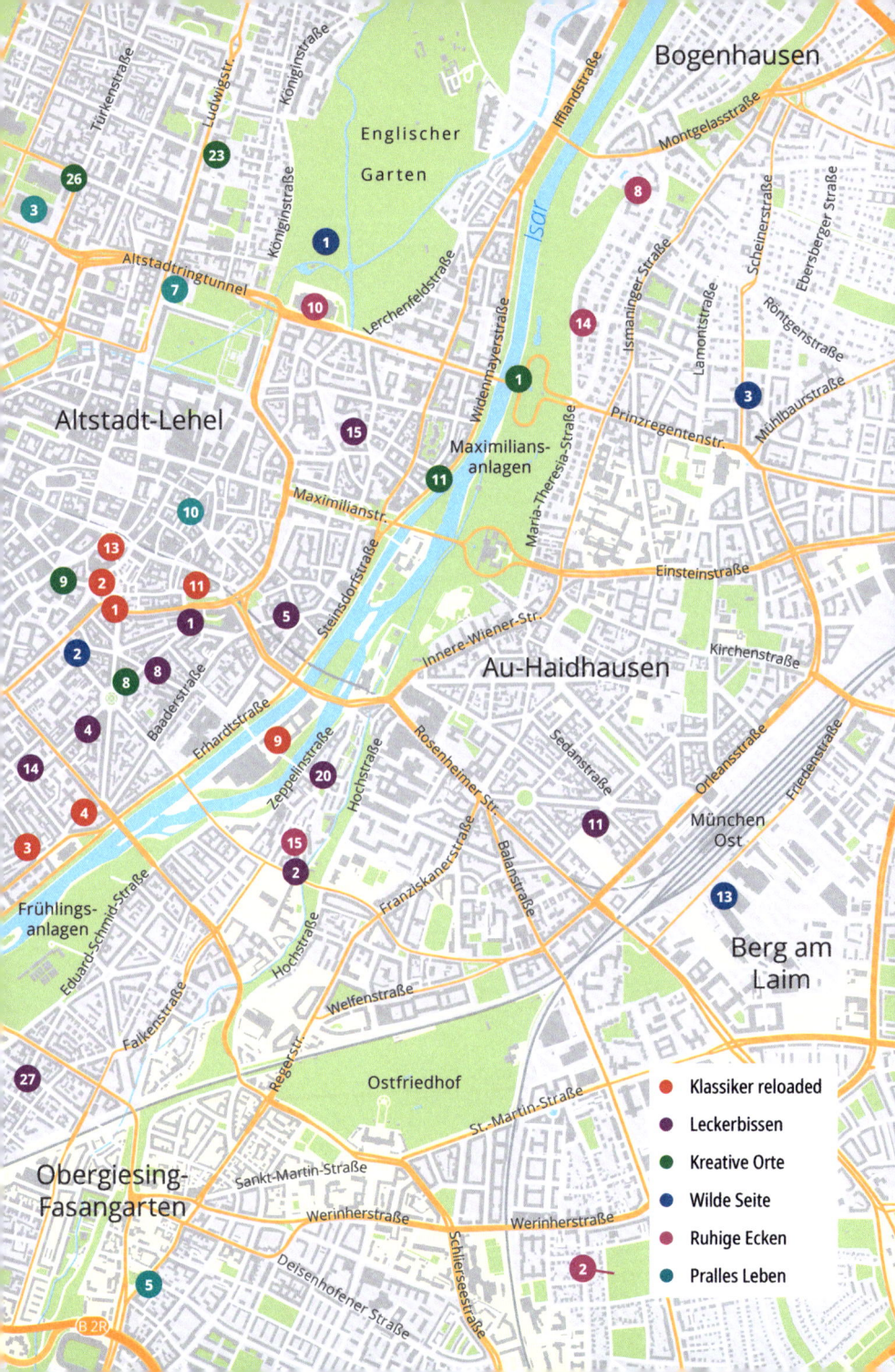

Register

A Happy Place 81
Allach 46
Alter Peter 22
Altes Rathaus 79
Altstadt 6, 19, 22, 70
Ammersee 65
Art Schnitzel 119
Artothek 70
Atelier Tanja Hust 65
Au 29, 49, 138
Aying 56
Ayinger in der Au 29

Baierbrunn 137
Balanpark 122
Bapas 10
Barre im Studio.12 99
Bauernmarkt 43
Bavarianwaters 142
Bazi's Schlemmerkucherl 10
Bellevue di Monaco 97
Berg am Laim 76, 114
Bier- und Oktoberfestmuseum 19
Black Bike 108
Blauer Kurfürst-Laderl 147
BMW-Clubkonzerte 163
Bogenhausen 60, 99, 132, 138
Brasswiesn 153
Brimbamborium 159
Bücherschrank in der Au 138

Café Blá 49
Caspar Plautz 6

Club Substanz 36
Deutsches Museum 14
Die Waldmeister 13
Dießen (Ammersee) 65
Dîner en blanc 154
Donnersbergerbrücke 60

E-Gitarren-Workshop 89
Ebersberg 145
Eching 153
Einmacherei 32
Eis- und Funsportzentrum Ost 110
Eiskoid 55
Erding 117
Erdweg 169
ESO Supernova Planetarium 125
»Essbare Stadt« am Rosengarten 122
Eurasburg 159

Fasaneriesee 110
Fausto 50
Feldmoching 110
Finger der Bavaria 79
Forstenrieder Park 137
Freimann 72, 140
Freising 50
Fürstenfeldbruck 79
Futuro Satellit 157

Gans am Wasser 82
Garching 89, 125
Garten der Ruhe 149
Gärtnerplatzviertel 69, 97
Gaudiknopf 9
Germering 45
Gewürzkurs 40
Giesing 55, 160
Glockenbach 10, 29, 32, 35, 43, 81
Goldschmiedplatz 122
Grünwald 137

Haar 66
Haidhausen 36
Hawaiifest 169
Heilig-Kreuz-Kirche 140
Herr & Frau Rio 81
Hexenschaukel 16
Hirschau 130
Hofbräuhaus 170
Hofladen Allach 46
Höhenkirchen-Siegertsbrunn 50
Hot Rod Fun 114

Isarvorstadt-Ludwigvorstadt 9, 31

Julia Trentini 9
Junker's Café-Rösterei 50

Kanutour 13
Käthe & Luzia 32
Keltenspielpatz Weniadunum 117
Köşk 87
Kraemersche Kunst-

mühle 50
Kriminalbühne Blutenburg-Theater 75
Krims & Krams 72

Lederhosentraining 94
Lehel 32, 43, 72
Lesegarten der Monacensia 138
Lisar Bücherflohmarkt 72
Louloute 63
Ludwigskirche 84
Ludwigvorstadt-Isarvorstadt 36, 60
Luitpoldbrücke 13, 60

MakerSpace 89
Maxvorstadt 84, 90, 135, 157, 164
Ménage Bar 35
Milbertshofen 52
Mini-Hofbräuhaus 52
Moosach 149
MS Utting 36
Museum Brandhorst 90
Museum Wald und Umwelt 145
Museumsinsel 1, 14

Nackertenwiese am Japanischen Teehaus 94
Naturkundemuseum im Grünwalder Forst 137
Neuhausen 43, 60, 128
Nymphenburg 110, 127

Oberschleißheim 147
Ois Giasing Straßenfestival 160
Olympiaalm 52

Om Nom Nom Café & Feinkost 38
Parfums Uniques 69
Pasing 25
Pöcking 142
Polizeibienenhonig 31
Pop Up Yoga 134, 135
Psychiatriemuseum 66

Quidditch-Training 106

Radlmarkt im Zenith 72
Ramersdorf 110
Reitsberger Hof 166
Resi am Markt 6
Ristorante Villini 45
Rooftop Yoga 135
Rößlers Kaffeerösterei 50

S-Bahn Seefeld-Hechendorf 20
Salzgrotte 134, 135
Schafherde im Englischen Garten 130
Schlachthof an der Tumblingerstraße 60
Schlachthofviertel 72
Schloss Nymphenburg 127
Schlossanlage Schleißheim 147
Schlossgaststätte Leutstetten 52
Schondorf 65
Schwabing 10, 52, 76, 108
Schwanthalerhöhe 29, 32, 63
Schwarzhubers Chickeria 46

Seefeld 20, 142
Sendling 36, 38, 82
Servus Heidi 29
Shirts von Womom bei A Happy Place 81
Silent Zumba 113
Slackline-Workshop 105
Soda'La 32
Spezlwirtschaft Haidhausen 36
St. Georg (Friedhof) 132
Starnberg 52, 100
Suck my Shirt 9
SUP-Verleih 142

Teezeremonie im Laifufu 128
Timbooktu 65
Töpferei Annika Schüler 81

U-Bahnhöfe
  Moosfeld 76
  Münchner Freiheit 76
  Westfriedhof 76
Untergiesing 50

Vaterstetten 166
Vespressi 100
Vintage Dance Studio 102

Westend 9, 40, 81, 87
Wochenmarkt 43

Xavers 29

Impressum

1. Auflage 2021
© 2021 MAIRDUMONT GmbH & Co. KG, Ostfildern

Printed in Italy

Text: Anne Kathrin Koophamel
Konzept: Katrin Burr, Susanne Heimburger, Monique Sorban
Projektmanagement
Susanne Heimburger
Gestaltung Umschlag außen
Eggers + Diaper, Potsdam
Gestaltung Innenteil, Umschlag innen
Sofarobotnik – Büro für Gestaltung, Augsburg & München
Lektorat
Ellen Weitbrecht, Stephanie Ziegler
Bildredaktion
Anja Schlatterer
Produktion
red.sign GbR, Stuttgart
Kartografie
© MAIRDUMONT, Ostfildern, unter Verwendung von Kartendaten von OpenStreetMap, Lizenz CC-BY-SA 2.0

Bildnachweise
Titelillustration: Shutterstock/VoodooDot

Fotos: Bahnwärter Thiel (73 o.); Ben Eder Photography (Klappe innen u., 11, 174); BlackBike Club Munich (109); Robert Blum (168); Jürgen Brandl (31); Brauereigasthof Hotel Aying (57 o.); Brimbamborium e.V. (158); Gerhard Büttner (34); Volker Derlath (74); Deutsches Museum (15); Die Münchner Wolpertinger © Sigrun Eis Photography/SigrunEis.com (107 u.); Die Neue Sammlung – The Design Museum: Tim Bechthold (156); DuMont Bildarchiv: T. Linkel (175); Eiskoid (54); ESO: Radovan Bartek (124 u.), P. Horálek (124 o.); Florian Ganslmeier (162); Angelika Güc: www.angelika-guec.de (41); Antje Hanebeck (96 o.); Andrea Huber (86); iStockphoto: Irina Meshcheryakova (178); Engelbert Jost (171); kbo-Isar-Amper-Klinikum (67); A. K. Koophamel (Klappe innen o., M. l. und M. r., 7, 8, 18, 21, 23, 24, 28, 33, 37, 39, 42, 47, 48, 51, 53, 61, 64, 71, 77 u., 78, 83, 101, 112, 113, 123, 126, 129, 133, 136, 139, 144, 146, 148, 155 o., 179, 181, 191); A. K. Koophamel/A. Schmidhuber (12 o., 44, 77 o.); David Koplin (68); korb_skiing: Korbinian Dosch (143); laif: G. Hänel (141); Lederhosentraining (95); LH München: Stöckl (73 u.); louloute.de (62); mauritius images: M. Bail (85), Creativ Studio Heinemann (57 u.), R. Gruber (91); mauritius images/Alamy: BCM Photography (161 u.); mauritius images/Chromorange (12 u.); mauritius images/Pitopia (167); mauritius images/SZ Photo Creative (155 u.); Laura Piantoni (118); picture-alliance/SZ Photo: M. Einfeldt (152 u.), C. Hess (161 o.), S. Rumpf (17, 96 u., 176); Pop Up Yoga München: Gina Weber & Theresa Brackmann (134/135); Christian Schranner (152 o.); Annika Schüler (80); Shutterstock: AlohaHawaii (177), ByeByeS-STK & Birgit Eggers (192), hermitis (131), Matej Kastelic (104), kosolovskyy (30), Kiryl Lis (111), Masson (103 u.); SKMST GmbH/www.skmst.de (180); StMELF (165); Studio.12 – © Das erste Barre-Fusion Studio in Deutschland (98); UnternehmerTUM MakerSpace GmbH (88); Nick van Klaveren (107 o.); Vintage Dance Studio: Silvia Plankl (103 o.); Christian Wanninger (116); Wenckstern GmbH, Norderstedt (115)

Mit freundlicher Genehmigung: © Bayerische Schlösserverwaltung www.schloesser.bayern.de (95, 126, 146)

Die Autorin

Anne Kathrin Koophamel
Reporterin und Weltenbummlerin – Anne Kathrin Koophamel ist beides aus Leidenschaft. Ihre Wurzeln hat sie aber fest in ihrer Heimatstadt München. Als Bayerin kann sie stundenlang über die perfekte Brezn philosophieren, kennt die Traditionen der Stadt wie ihre Dirndltasche und hat jedes Jahr schlimm-schönes Wiesn-Fieber. Das große Glück im Kleinen: wenn die Abendsonne die Isar silbern färbt. Dann weiß sie: Die Liebe zu München wird nie zu Ende gehen.

Lob oder Kritik? Wir freuen uns auf deine Nachricht!
Trotz gründlicher Recherche schleichen sich manchmal Fehler ein. Wir hoffen, du hast Verständnis, dass der Verlag dafür keine Haftung übernehmen kann. Wir freuen uns aber, wenn du uns schreibst:

MARCO POLO Redaktion
MAIRDUMONT
Postfach 31 51
73751 Ostfildern
info@marcopolo.de

Bloß nicht!
Fettnäpfchen und Reinfälle vermeiden

Zu viel schweigen

Der Münchner mag maulfaul sein, im Biergarten, auf dem Wanderweg oder wenn man einen Kurs besucht gilt aber: Ein »Servus« oder »Grüß Gott« samt Kopfnicken ist drin, selbst wenn du den Anderen gar nicht kennst. Mehr braucht's nicht für bayerische Höflichkeit – aber ohne kannst dich gleich schleichen.

Ein »Paar Weißwürste« bestellen

Den Klassiker zum Frühschoppen bestellst du in Stückzahl. Ausschließlich! Sonst outest du dich als »Zuagroaster«. Zwei Stück sind üblich, drei gängig, vier deuten auf einen Kater hin. Traditionalisten mundet die kälberne Wurst am besten vor 12 Uhr.

Auf Karos und Landhausmode setzen

Bei der Tracht sind zwar Sneakers oder sogar schwarze Blusen Mode geworden, mit großem Karomuster in Rot-Weiß oder Blau-Weiß zur Lederhose blamierst du dich aber. Bei den Damen gilt: Carmenblusen und Landhausmode outen dich als Nordlicht.

Den Ausweis vergessen

Bilder in der Artothek kannst du nur mit gültigem Personalausweis leihen und wenn du deinen ersten Wohnsitz in München-Stadt, dem Speckgürtel oder dem nahen Umland hast. Auch auf einigen Events musst du dich eventuell ausweisen können.

Nummernschild-Witze reißen

Ja, FFB steht für »fünf fette Bauern«. Aber: Da fast jeder inzwischen aus dem Umland kommt, von dort pendelt oder überlegt, wegen der Mietpreise ins »Outback« zu ziehen, ist es heikel, über den Speckgürtel Witze zu reißen.